Un sendero que atraviesa la cocina

Un sendero que atraviesa la cocina

UNA McNOON

Ilustraciones Sally Cutting

ALIANZA EDITORIAL

Calle Juan Ignacio Luca de Tena, 15; 28027 Madrid;
teléf. 91 393 88 88
www.alianzaeditorial.es
ISBN: 978-84-206-7596-1
Depósito legal: M. 39.263-2010
Impreso en Varoprinter, S. A.
Printed in Spain

Para Braulia, Epifanía, Marijé,
Valeria y Martina y todos
cuantos musitan la conexión.

Charo de la Rica y Patricia
Jones in memoriam

La canción "Con los pies
en la tierra" está dedicada
a Inmaculada Domínguez
Aguado, experta alquimista.

"Neo, tarde o temprano te
darás cuenta, igual que me
sucedió a mí: una cosa es
conocer el camino y otra,
andar el camino"
(Matrix, escena 32).

Índice

Cuarta parte. La vuelta al mundo. (¡Contacto!)
el fuego * el tacto * el sur * el verano

Epílogo. (Hogar, dulce hogar)
el éter * el gusto * el centro

Prólogo

Siempre busqué algo. Desde que recuerdo. Creí ver en la música el atajo que llevaba a eso mágico. Y en cuanto aprendí a tocar el piano y escuché atentamente a Bob Dylan, Todd Rundgren, Jackson Browne y Cat Stevens inmediatamente creí identificar señales de una tierra prometida: Bruce Springsteen afirmaba abiertamente creer en ella, U2 confesaban seguir buscando y Peter Gabriel se reencontraba al fin completo en unos ojos maravillosos.

Todas estas revelaciones me entusiasmaron y me animaron a cantar: quería compartir el secreto, conocer el misterio de la belleza que desplegaban las letras y las melodías cómplices de mi corazón, ahondar en aquel nuevo lenguaje. Y como la mayoría de rastreadores jóvenes, calladamente, también nutrí la ambición de formar parte de un círculo tan destacado.

Invertí gran parte de mi tiempo adolescente escuchando música y aprendiendo a escribir canciones y a finales de los ochenta tuve la suerte de poder publicar un par de discos con mis propios temas. Y de darme de bruces con la materialidad del mundo. Naturalmente, la atención de la prensa, del público y de casi todos los músicos con los que me cruzaba no estaba centrada en intentar avanzar hacia el territorio del contacto con el invisible (como yo ilusamente esperaba que fuese) sino en ganarse la vida como podían.

También –y por megafonía– los canales que antes parecían haber sido capaces de transmitir mensajes armónicos y poderosos se fueron tapando los oídos y abriendo los brazos a todo tipo de sucedáneos ligeros de enjundia pero de resultados comerciales mucho más inmediatos y abultados.

Me resistía a aceptar lo que ocurría. Me sentí traicionada. Pero sobre todo no quise adaptarme a los cambios ¡Había puesto toda mi fe en encontrar en la música (según yo la entendía) una ruta segura por la que viajar por la realidad y me negaba en redondo a renunciar a mi sueño!

Así que mientras algunos de mis colegas se aclimataron y se hicieron un hueco en el mundillo y otros colgaron las baquetas, se calaron las botas y se aventuraron por diferentes rumbos, yo me fui dejando arrastrar por el desánimo y la autocompasión, me olvidé de perseguir la lucecita que me trajo desde mi pueblo hasta esta ciudad, perdí el norte y me tragué todos los postes de la carretera.

Pero después de un tiempo de terrible oscuridad se me ofreció otra conexión a la que esta vez la música servía de acompañamiento y juego, de saludo, de respuesta inesperada: no ya de único vehículo de enlace. Siguiendo esta bifurcación y ante la dificultad de encontrar trabajo como músico y por sugerencia de una amiga que reubicaba profesionales extraviados me puse a cocinar y a vender comidas a domicilio desde "La estación de las delicias".

Y enseguida no pude por menos que dejarme cautivar por el sinfín de paralelismos que mis sentidos identificaban entre hacer música y cocinar: cargaba las cajas llenas de guisos igual que el teclado, con la misma sensación de salir a tocar. La "brújula" que me "guiaba" cuando componía pronto se manifestó también delante de los quemadores de gas susurrándome sugerencias y consejos, señalando direcciones e insistiendo en que me dejara llevar por ella. Igual que a las melodías "oía" a las pulardas avisarme que ya habían tenido suficiente horno, que estaban ya listas. El curry de atún me pedía una fruta concreta igual que una melodía me conducía a cierto acorde.

El boca a boca pronto me reconoció cocinera en mi entorno compuesto, en su mayor parte, por otros artistas hambrientos. Y fue compartiendo gustosamente con ellos mis descubrimientos cuando un amigo pianista me animó a transcribir estas coincidencias y una estupenda escritora insistió en que utilizara las recetas como textos de canciones. La sugerencia de que describiera de lo que era testigo se repitió tantas veces que un día me planteé la posibilidad de que –tal vez– el Universo me estuviera proponiendo un encargo… Entonces no tenía ni idea que lo que estaba haciendo era invitarme a salir de gira. Por dentro.

¡Oído cocina! inicialmente pensé en reunir un pequeño libro de recetas para uno, apoyada en la experiencia de alimentarme rico y bien muchos de los años en los que he vivido sola. Pero en cuanto comencé a darle vueltas al proyecto en serio mi atención se fue enfocando en el concepto de la alimentación en forma más sutil. Quería tratar de explicar cómo me había sentido aprovisionada por las canciones de otros, no quería ceñirme al alimento palpable. Claramente lo que más me interesaba era el "no sólo de pan vive el hombre", la parte "intangible" de la nutrición, quizá porque llevaba ya un tiempo centrada en encontrar y enriquecer mi contacto consciente con el Universo, la fuerza primigenia, la luz o como quiera que cada cual conciba la influencia benéfica que nos surte de amor, fuerza y esperanza. De hecho, empezar a cocinar fue uno de los primeros frutos de este –siempre nuevo– reencuentro.

De esta guisa me puse a mezclar las recetas que más me gustaban con los trucos que ha aprendido a utilizar mi esfuerzo para clarificar un ego enfermo y salido de madre y, a voleo, los salpimenté después con la curiosidad por saber qué resultaría de escribir unos temas con letras mucho más abstractas de lo que había elaborado hasta entonces. Como buena revuelve-salsas, la perspectiva de jugar con tres distintos lenguajes y confabularlos, al alimón, para confundir sabores y sentimientos se me antojó tremendamente apetecible. (Por cierto, las canciones son el único componente original de este trabajo, todo lo demás está tomado de aquí y allá).

Pero encontrarle un orden lógico a semejante batiburrillo resultaba tan esquivo (y producía tales dolores de cabeza) que acabé comprendiendo que, al menos para este recetario, resultaba mucho más sencillo mezclar los sentimientos y las ideas por resonancia, tal y como se conectan casi siempre las melodías. La intuición, cualidad tradicionalmente femenina, me evitaba toda la complicación en que me enredaban el análisis racional y la disección de los hechos. Para ceñirme a esta dirección –e impedir que la cabeza hiciera de las suyas– decidí redactar la mayor parte posible del texto en femenino. Y de paso aprovechaba la ocasión para honrar a todas las mujeres con las que me encuentro en esta travesía y que comparten conmigo sus hallazgos y estrategias superando obstáculos y aprendiendo a ser felices. Y agradecerles de todo corazón que se presten a acompañarme con su sabio contrapunto y amabilísima paciencia.

Todo esto espero que dé idea de la peculiaridad del formato que han acabado adoptando los capítulos que estás a punto de probar. Sobre la estructura de una canción, como si fueran capas de un pastel, he montado **una letra** (cuyo registro sonoro te espera en el CD adjunto), una *receta* de *cocina* (ojalá que infalible) y unos párrafos de texto. Y trenzando las tres formas de narración como buenamente se me ha dado a entender he procurado rescatar, de mi perola particular, cucharadas de los lugares interiores por los que he ido pasando para recordar la ruta por la que he viajado en estos últimos doce años y que para mi asombro me ha acercado al sitio mágico aquel que andaba buscando desde el principio.

Solo añadir que empecé reuniendo este pequeño cuaderno de bitácora solo para mí, a modo de agenda de viaje. Recogí los primeros temas sabiendo de la facilidad de las canciones para convertirse en las campanillas que me recuerdan lo que olvido con facilidad y evocar la presencia de paisajes íntimos que me tranquilizan y alientan. Pero sobretodo para que vinieran conmigo porque este viaje, en algunos tramos, resulta contundentemente solitario ¡Y ellas tienen tal habilidad para proveer información y consuelo en el momento preciso y en el lugar idóneo! Pero en cuanto avisté la cuarta parte y ensayé "La vuelta al mundo" intuí que si quería seguir creciendo y disfrutando plenamente de lo que voy aprendiendo quizás tuviera que estar dispuesta a reintegrar el producto de mi búsqueda, devolvérselo al Universo por si acaso pudiera servir de ayuda a otra exploradora.

Así que toda la intención de este librito es que alguno de sus ingredientes pueda servir de ánimo y compañía a quien esté cocinando unos pocos de esos cambios suculentos que nos transforman, a fuego lento, en algo más y que, al menos a mí, me han traído a saborear mucho más a gusto la vida.

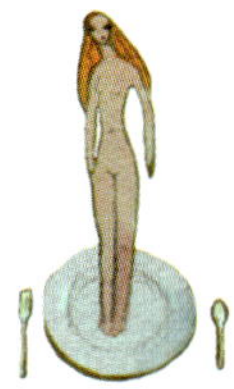

Bon appétit!
Madrid, julio de 2010

Primera parte
La limpieza

el agua

la vista

el oeste

el otoño

Capítulo 1
La limpieza del miedo en el cuerpo

"Reconocer al enemigo es el primer paso del camino hacia la victoria."
(Corrie Ten Boom)

La Bullabesa
(Para 4 personas)

Ingredientes:

Hartura, cansancio y desesperación
a partes iguales
y además...

50 cc de aceite de oliva virgen suave,

¼ Kg. de puerros bien limpios
y picados,

1 cebolla mediana finamente picada,

1 cucharada sopera de tomate
frito casero,

2 tomates de ensalada pelados
y troceados,

1 cucharilla de café colmada
de tomillo seco,

1 hoja de laurel,

5 o 6 ramitas de perejil fresco,

25 gr. de mantequilla,

1 cucharilla de café rasa de harina,

¾ litro de caldo de pescado,

250 gr. de almejas,

¾ Kg. de mejillones frescos
bien limpios,

½ cucharilla de café
de azafrán,

600 gr. de filetes de pescado
blanco cortados en tiras,

12 langostinos grandes
frescos y pelados,

pimienta negra recién
molida y

sal.

Antes de nada, elige un recipiente bien holgado y asegúrate que quepan en él todos los ingredientes que componen esta receta. Y después ***Vierte*** en él ***el aceite de oliva y caliéntalo*** con cuidado para que no se queme.

Renací en una bañera. Disolviendo por fuera la suciedad incrustada por dentro. Un espantoso dolor de nuca me recordaba continuamente las imperiosas ganas de escapar de aquel cuerpo inhóspito y tóxico; muchas veces apretaba el dorso de mi cuello con la palma de la mano como intentando taponar algún agujero de salida invisible.

"Me gustaría ir al mar,

Parecía que mi cabeza era azotada por oleadas de ideas destructivas que, como los tentáculos de un enorme calamar, la arrastraban al fondo de un océano infernal. No lograba salir a flote. Me había dejado capturar por un gigante "Total, ¿para qué?".

confiar mi corazón acuático a las olas;

Al principio creí que sólo me sostenía la obcecación por no dejarme hundir, la terquedad de sobrevivir a otro escalofrío de miedo monstruoso. Pero pronto noté que no estaba sola. Algo tiraba de mí. Sumida en el agua, a veces me descubría negociando en secreto –sin saber muy bien con quien– la oportunidad de volver a empezar de nuevo. Necesitaba ayuda: de sobra sabía que ya no me quedaban fuerzas para intentarlo sola.

Cuando el aceite haya entrado en calor *Incorpora los puerros y la cebolla* desmenuzados *y deja que cuezan* lentamente unos 10 minutos *hasta que la cebolla se vuelva transparente.* Remueve el sofrito de vez en cuando con una cuchara, no dejes que se aferre al fondo del cacharro.

"Strangers in the night, exchanging glances." "Extraños en la noche intercambiando miradas,..." "Wondering in the night, what were the chances..." "...preguntándose, en la oscuridad, qué opciones tenían..."

aclarar mis pisadas en la lluvia,

...cantaba la voz de Frank Sinatra a mis pies en remojo. Los mismos que habían buscado, perseguido e insistido y a los que ahora contemplaba desconfiada. Extraños extraviados. Me resultaba muy difícil aceptar lo perdida que me sentía. Lo terriblemente desorientados que los comprendía.

y salpicarme de llegadas;

Una tarde al pairo, una idea atravesó mi cabeza como un fogonazo. Con la prisa de un relámpago me desveló que la culpabilidad de los demás (contrariamente a lo que yo siempre había creído) estaba fuera de mi alcance, como guardada en el archivo de un ordenador para el que yo no tenía clave de acceso.

En la inesperada luz de aquel instante de lucidez entendí que sintiéndome culpable de todo lo que sucedía a mí alrededor había permitido a las necesidades de otros invadir mi territorio interior: el lugar donde debería de estar plantada mi propia tienda de campaña.

despertar sin prisa,

Además de descorrer tímida y veloz la cortina de mi confusa mente, esta información me hizo también sospechar que en mi vida debía de haber bastantes más cosas descarriadas de lo que yo pensaba. Eran de esperar futuros chispazos. Entonces no podía ni sospechar que aquellos fuesen los primeros pasos de mi recorrido. "Casi todos los caminos espirituales comienzan en el cuerpo" (Willigis Jäger).

contagiarme de agua clara;

Bajo el agua, los orificios de mi cuerpo parecían convertirse en ríos profundos y misteriosos empeñados en reestablecer la comunicación con el mundo exterior. Como si algo me empujara hacia delante pero sin forzarme. Esperaba –paciente– mi consentimiento.

Y yo no sabía si quedarme o marcharme. Sólo intuía que si decidía continuar, esta vez nacer tendría que ser consciente y voluntario.

lavarme en la nueva luz que nace

Lloré y desembuché tres largos meses de todo un verano. Y ya desahogada y limpia, el otoño, como celebrando el regreso, se confundió en primavera.

cada mañana."

Añade entonces *el tomate frito y los trozos de tomate fresco* y aplástalos con el canto de la cuchara para ayudarlos a deshacerse. Luego, y para espabilarlo y que preste atención, *Espécialo con el tomillo, el perejil y el laurel* y aunque no quiera empezará a oler de maravilla.

"Lluvia, río, agua, fuente.

Deseando renovarme empecé por deshacerme de las cosas que ya no quería. Y por casualidad fui a dar con "el río de la vida": un flujo etéreo que transporta bienes y esfuerzos y del que participamos todos, aunque no lo creamos.

Me he vuelto transparente.

Por un tráfico invisible acarrea lo que se da, te roban, desaparece y, a veces, hasta incluso se desmaterializa,…

y contenta con mi suerte.

… parece ser también adonde va lo que se pierde justo en el momento más inoportuno.

Olas, ducha, dicha fuerte

Intrigada por descubrir cómo funcionaba le empecé a lanzar objetos a los que estaba un poco más apegada… ¡A ver qué me devolvía!

¿Quién hubiera dicho que un día

Y comprobé que le importaban un rábano mis chulerías y estrategias. Impasible, me desconcertaba una y otra vez invitándome a que libremente eligiera comprender la realidad de forma más amplia, mucho más misteriosa.

me daría tanta alegría

Llegué a la conclusión que tiene la manía de quitar o regalar lo que considera más conveniente para cada cual. Por lo que raramente me entregaba lo que quería…

volver a verte?”

…y sin embargo siempre recibía lo que necesitaba. A veces con semanas o meses de antelación.

Después, ***Hazte con el caldo de pescado, caliéntalo*** un poco (no demasiado: a la temperatura del agua para un baño refrescante) ***y*** ya tibio, ***añádeselo*** poco a poco ***al sofrito, sazonándolo*** a tu gusto ***con sal y pimienta*** recién molida. Una vez bien especiado ***anímale a hervir*** suavemente otros ***15 minutos.***

“Como caudal torrencial

La vuelta al movimiento resultó abrumadora. Cualquier decisión por pequeña que fuese suponía un esfuerzo terrible. Y para mejorarlo, sin causa aparente, a menudo entraba en un estado de pánico en el que el terror me apabullaba

baja la nieve fundida,

Como si se abrieran las compuertas de una negrura acumulada acostumbrada a callar que ahora se hacía catarata y me calaba hasta los huesos. Sentía pavor a que entrasen en mi casa y me atacaran, a la muerte súbita; miedo a la oscuridad, miedo a la luz, a desintegrarme, a perder la razón. El miedo, mi enemigo de siempre, me sorprendía ahora a plena luz del día en medio de la calle. Me secuestraba. Frío. Frío.

entregada a la corriente

La cabeza parecía ir a estallar sobrepasada por la intensidad de la información que recibía, de una realidad brumosa de sonidos amortiguados que mis ojos agotados no estaban seguros de querer seguir viendo.

con prudencia y sin medida.

Había tocado fondo y me había acercado por casualidad a un grupo de gente que había pasado antes por lo que vivía yo ahora. Me repetían que pusiera un pie delante del otro, que atravesara el miedo confiando en algo, en lo que fuese.

Antes de abrazar al río

Mucho más tarde supe que siempre que una no puede más, se rinde y se abre de verdad a que la socorran, algo siempre viene a rescatarte.

se tuvo que derretir

Y curiosamente con su ayuda, superar el miedo se convirtió en una urgencia que me arrastraba por los pelos a crecer, que me devolvía enervantemente al presente, al tajo.

el miedo que no dejaba

No dejándole decidir por mí fui comprobando cómo el miedo cierra el paso a la realización de los deseos más profundos y queridos. Distorsiona de tal manera la percepción de la realidad que no permite identificar lo más rematadamente obvio. Astuto farsante y experto ladrón de sueños, entusiasmo, tiempo, amor, gozo, bondad, delicadeza, compañía, cariño, libertad e inteligencia, es muy capaz de venderte como reales ilusiones que no existen ni han sido jamás.

a mi amor fluir."

El miedo disfraza, chantajea, trastoca, victimiza y trapichea. Si le dejas, consigue fácilmente no dejarte vivir en paz.

Mientras tanto, *Derrite la mantequilla* en un cacillo aparte *y agrégale la harina*. Espera sólo a que se tueste y cambie de color. En cuanto se dore retírala rápidamente del fuego. *Añádele* entonces *dos cucharadas de la sopa* y revuélvela a conciencia hasta desliarla por completo. Después, *Vuélcala* sin miedo *en la sopa* y mézclala bien (además de hacerla más consistente, la harina dará cuerpo al sabor del pescado que añadirás más tarde).

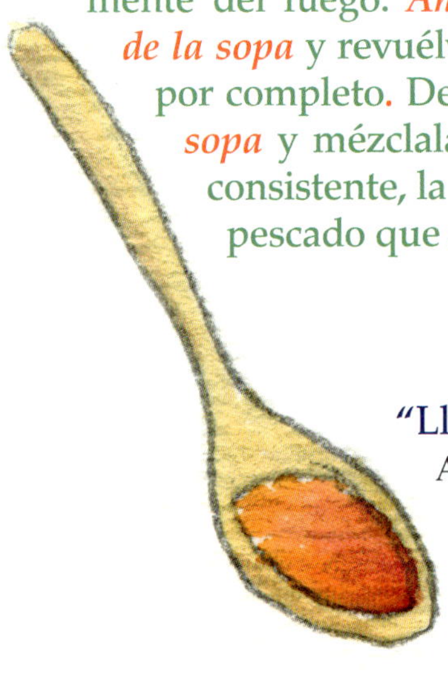

"Lluvia, río, agua, fuente

Aprendiendo a remar en un río me hice consciente de lo complicado que es permanecer en el centro de cualquier camino.

Me he vuelto transparente.

La corriente, las rocas y mi falta de habilidad me arrastraban una y otra vez hacia las orillas.

y contenta con mi suerte.

Había que combinar flexibilidad y firmeza para conseguir guardar el equilibrio y continuar avanzando.

Olas, ducha, dicha fuerte.

Y hacer todo lo posible por dejarse llevar. Renunciar a la terquedad.

¿Quién hubiera dicho que un día

Fiarse del curso.

me daría tanta alegría

Y entrenarse en calibrar el tamaño y las formas de las piedras de su lecho: averiguar cuáles frenan y cuáles, por lo contrario, dejan paso.

volver a verte?"

A continuación y en otro cacillo *Disuelve el azafrán* en otro par de cucharadas de caldo. *Reúne los mejillones, las almejas y el azafrán* bien diluido *y sumérgelos* a todos *en la sopa para que hiervan* a fuego lento solo *5 minutos* más.

"Como rimándose van

A base de atravesar tandas de miedo hice un descubrimiento devastador: entendí que lo único que hacía mi cuerpo era amplificar el sonido de alarma que yo misma creaba en la cabeza.

palabras y sonidos

Aquella melodía distorsionada y monotemática que me acompañaba a todas partes y se disparaba a la menor señal la había escrito yo solita. ¡Y la programaba una y otra vez para amargarme la vida!

por obra del tiempo

De vez en cuando también conseguía sintonizar otras músicas. Cambiaba la letra de canciones que conocía por palabras de aliento y las canturreaba para convencerme que salir de allí era posible. Que el dolor pasaría.

que los revuelve y los lía

El "Obladi Oblada, life goes on, yeah!" "Obladi Oblada, la vida continúa ¡eso es!" (Beatles) que nunca había cantado ni comprendido antes resultó un himno sorprendentemente eficaz en momentos insoportables.

Añade finalmente *el resto del pescado* (incluidos los langostinos) *y dales otro hervor* moderado *de 3 minutos* cronometrados.

con tal suavidad,

Poco a poco fui rindiéndome a la evidencia de que a pesar de todas mis dudas, mis piernas temblorosas me habían sostenido sin descanso.

talento y dulzura

El corazón parecía ir a salirse del pecho tan a menudo que me acostumbré a que prefiriera instalarse en la garganta, convertida –provisionalmente– en el chiringo de un percusionista atolondrado.

que agitan mi corazón

Un día me dejaron de molestar su ritmo desigual y sus golpes irregulares y me encontré agradeciéndole no haber parado de tocar.

como un paseo en la luna."

Quizás, después de todo, todos fuésemos mucho más valientes de lo que yo me creía.

La sopa estará preparada en cuanto se abran los mejillones y las almejas. No la dejes hervir más. Si lo haces, el pescado perderá su textura ideal y buena parte de su sabor.

"Lluvia, río, agua, fuente.

Por fin, una mujer experta en superar su propio miedo me dio una receta espectacular para acabar con los ataques de pánico.

Me he vuelto transparente

Me sugirió que hiciera una lista de lo que temía que fuera a suceder en los estallidos masivos de angustia.

y contenta con mi suerte.

Cuando me lo propuso –sonriente -, pensé que evidentemente debía de estar loca. No podía ser tan sencillo.

Olas, ducha, dicha fuerte.

Llevándoles la contraria a todos mis prejuicios redacté mi lista y la rescribí sin copiarla quince días seguidos (ella había prescrito un mes completo de tratamiento).

¿Quién hubiera dicho que un día

Tal y como prometió los asaltos de ansiedad acabaron. Me acostumbré a identificar los miedos, a ponerles nombre y a perderles el respeto.

me daría tanta alegría

Y empecé a sentir que tal vez ahora sí que pudiera dejar de huir.

volver a verte?"

Sirve la bullabesa en platos hondos y a poder ser previamente calentados ***y acompáñala con panes fritos*** que puedes frotar con un diente de ajo crudo o untar con alioli.

Un panecillo tostado en una mano y en la otra una buena cucharada de sopa de pescado. La brisa del mar. Los barcos pesqueros atracados en los muelles. El mantel a cuadros rojos y blancos. La servilleta en el regazo y en la pared, colgadas de unas cuerdas, unas redes de pescador ansiosas por volver al mar, a la compañía del marino, al afán por la distancia… Y mucho más cerca, en el propio cuerpo, otro puerto. Desde el que poder partir hacia el infinito.

Capítulo 2
La limpieza del ruido de la cabeza

Sesos suculentos

(Para 4 personas)

Ingredientes:

Ganas de hacerse oír
y además…

600 gr. de sesos de cordero,

1 cucharada sopera de vinagre,

2 zanahorias medianas,

50 gr. de harina,

100 cc de leche,

2 manojos de berros,

100 cc de salsa de carne,

1 cucharilla de café con
jengibre en polvo,

100 cc de aceite,

½ cucharilla de café con miel y sal.

"Solo en el silencio se consolida y arraiga la verdad del hombre".
(Antoine de Saint-Exupéry)

Pon agua en un cazo, hazl*a hervir y* añádele la cucharada de *vinagre.* Con mucho cuidado *Sumerge* en ella *los sesos* asegurándote de que queden totalmente cubiertos de líquido. No elijas un recipiente excesivamente grande porque entonces será más difícil recuperarlos después. *Y cronometra 3 minutos de cocción.*

La primera vez que oí hablar del no·hacer fue en psicoanálisis. Hasta entonces había estudiado frenéticamente, me había mantenido siempre todo lo ocupada que podía. Había creído entender que cualquier actividad, del tipo que fuera, me daría esa sensación de sentirse útil que tanto andaba yo buscando. Pero en cuanto hice caso al consejo de sentarme tranquilamente a mirar la pared sin hacer nada me abrumó una desagradabilísima sensación de vacío.

"Pase lo que pase

Quizás fuera yo la que confundiera la propuesta de la psiquiatra con una invitación a divagar. De cualquier manera, me perdí en un marasmo delirante de carencias y ausencias. Después, he constatado que aquel no era el tratamiento adecuado para ninguno de los males que me aquejaban. Y es curioso que muchos médicos aún no lo sepan.

yo siempre estaré aquí,

Para rectificar el curso de mi propia vida –al menos yo– necesitaba un impulso que sabía que no tenía y una dirección persistentemente nueva que estaba segura desconocer.

no pude abandonarte

Toda la educación que había recibido y mis mejores intenciones y esfuerzos no eran herramientas suficientes. De haberlo sido, me hubieran evitado llegar al desconcertante cruce de caminos en el que me hallaba.

por más que lo intenté.

Por lo visto, conocer las causas de mi desaguisado no me da opción a recomponerlo. Más tarde, asistida por otras exploradoras, he encontrado muchos motivos y algunos responsables de mis extravíos. Aunque dar con explicaciones y porqués siempre proporcione un instante de alivio y una parte de la cabeza se ponga unas cuantas medallas y se crea –durante un rato– la más lista, tarde o temprano se vuelve a encontrar sola en el requeteconocido mismo callejón sin salida que tanto le suena sin ninguna posibilidad de tomar de una oreja a la angustia, de otra al sufrimiento, y mandarlos a los dos a paseo.

Nunca nos creímos

Así que esta vez probé una táctica muy antigua: en vez de hablar yo, me callé y escuché ¡A ver si esta vez aprendía algo útil! Y empecé a oír una información increíblemente sencilla pero que, sin prisa ni pausa, me permitía comportarme de forma totalmente diferente. Cuanto más me concentraba en lo que decían más me impresionaba que nadie juzgara ni pretendiera enmendar a nadie. Simplemente, contaban cómo habían salido ellas de sus propios laberintos, sin reservas ni triquiñuelas. Y mi mente aprendió, poco a poco, a parar y a atender. Y también yo descubrí un día que ninguna cabeza es capaz de escuchar con atención y pensar a la vez.

los cuentos que nos contamos.

Después, y a solas, empecé a atreverme –de puntillas– a sintonizar con lo que habitaba mi azotea. Ajusté la antena y oí por primera vez mi jaula de grillos: todo un congreso de chalados pegándose por hablar. Parecía el té de Alicia con veinte sombrereros locos en trifulca permanente.

Es fácil mentir a otros.

Había gente del pasado que aparecía sin avisar y sin que nadie les llamara. Venían con recriminaciones de hechos sucedidos hacía dos días, tres meses, veinte años. Ventilando quejas y reproches siniestros.

Ellos no se quedan aquí.

Componían todo un cónclave de piratas, radioaficionados e ingeniosillos que tras décadas conviviendo juntos no habían llegado a ningún acuerdo.

En el silencio de la noche,

Y lo que era aún peor: parecían estar todos en mi contra.

a las tres de la mañana,

Inmediatamente volví a sentir pinchazos en el pecho, calambres en las piernas, extrañas corrientes eléctricas por la cabeza.

en esta cabeza que no tiene

Quedarme a escuchar aquella algarabía y exponerme a los sentimientos que despertaban todos aquellos insensatos era, precisamente, de lo que había escapado toda la vida.

ni puertas ni ventanas

"Hace falta valor para levantarse y hablar, pero es igual de necesario para sentarse y escuchar." (Winston Churchill)

ni sitio adónde huir."

Sigilosamente y con la ayuda de una espumadera *extrae las vísceras del agua*. No te extrañe que los sesos se muestren escurridizos e incluso antipáticos. Pero sin dejarte intimidar *Sácalos del agua y espera a que se enfríen* un poco, a que logren templarse. Y entonces, *Sepára*los de *la telilla que los recubre*. (Las meninges, unas membranas que los tapizan por completo y que cuando se retiran les precipitan a desperdigarse y romperse con facilidad). Una vez *Limpios, resérvalos.*

"¿Cómo pedirte

"...Keep your head together and call my name out loud..." "...No desparrames y grita mi nombre bien fuerte..."

que te quedes callada?

"...soon you'll hear me knocking upon your door." "...pronto me oirás llamar a tu puerta." había oído cantar mil veces al maravilloso James Taylor en su reconfortante versión de "You've got a friend" ¡Quién pudiera tener alguien así, dispuesto siempre a asistirle a una en los momentos más difíciles!

y esperes a oír el llanto

Aquel griterío que escuchaba en el gallinero a todas horas hubiese enloquecido al más pintado y sin embargo –y extrañamente– hacerme consciente de él, prestarle atención, también despertó la esperanza de poder salir algún día de tan ensordecedora discoteca.

de tu risa apagada

Mi cabeza no iba a cooperar. A todas luces no tenía ninguna intención de bajar el volumen....

por el fuego y la lluvia de ayer:

... Me había demostrado ampliamente que –por la razón que fuera– ya no podía.

Fire and rain."

Vuelve a poner agua y un poco de sal –esta vez, en dos cazos distintos– y espera a que hierva. *Pon a cocer* en ellos –por un lado– *los berros* bien limpios *y* por el otro, *las zanahorias* peladas y cortadas en discos finos. Verás como *A los berros les valdrá con un ratito de hervor*: 3 minutos serán suficiente. *Las zanahorias*, en cambio, son obcecadas, tercas e incluso impertinentes a su cocción por lo que *necesitarán por lo menos ¼ de hora.* Pincha alguna para comprobar que están hechas y si es así, *Escúrrelas* (si aún están crudas déjalas cocer en paz hasta que se decidan a enternecerse).

A base de darme de bruces con la realidad y de pasar un miedo espantoso, un día claudiqué.

"Sé que me pierdo

Todavía no sé qué fue lo que cambió. Sólo recuerdo que la esperanza de que mi cabeza se calmara fue haciéndose cada vez más sólida. Hasta que me decidí a pedirle que se estuviese quieta un rato. Por más amenazante que aún pareciera el "¿Y entonces quién controlará?".

cada vez que creo saber

Tímidamente, me fui atreviendo a creer que podía elegir entre: oír algo tan cálido y dulce como la voz y la guitarra cómplices de James Taylor o aquel espantoso ruido de fondo que conocía tan bien y que –por más que se empeñase mi cabeza en venderme la moto de que era el inevitable efecto colateral de su esfuerzo por encontrar soluciones a los problemas– ya sabía que solo lograba asustarme y decepcionarme. ¿Y si probaba algo nuevo?... Incrédula, hice caso a lo que me decían y pedí un poco de silencio. Y al cabo de un tiempo –y sin previo aviso– parecieron surgir en mi cerebro unas burbujas de sosiego (como de jabón sólo que mudas), que cuando estallaban inundaban la mente con unos segundos de tranquilidad. Al principio, acostumbrada al estruendo, los bocados de sosiego que me regalaban me tomaban por sorpresa y me asustaban. Pero cuando caí en la cuenta de que venían en son de paz, mis lágrimas les empezaron a saludar saltando de alegría.

dónde me confundo

También mezclada con el miedo, las preocupaciones y las dudas, comencé a notar otra presencia silenciosa. La de alguien muy tímido a quien –sin pretenderlo– siempre había ignorado. Parecía que me hubiese olvidado de ir a recogerla a la salida del colegio y ella se hubiese quedado allí aguardándome sola. Aquella personita impertérrita solo se atrevía a mirarme por dentro con unos ojos verdes muy grandes.

o qué cara poner;

Llevaba toda la vida esperando que la viese, que la hablase, que la abrazase. Se había acostumbrado a parecer invisible, a esconder sus necesidades y su amor para asegurarse así que nadie pudiera hacerle daño.

cuál es mi destino,

De pronto me sentí escrutada por la pequeña Houdini mientras ella me estudiaba muda. Sonreía. Sabía que le había visto y me miraba curiosa sin querer hacerse demasiadas ilusiones. A esta paciente niñita yo le había robado la voz y el voto y sin embargo, allí seguía ella incólume y de buen humor esperando a ser descubierta.

y cuándo es que llegaré

Muy despacio, a base de asomarse una y otra vez a mi corazón, logró convencerme para que le dejara incorporarse a una orquesta de párvulos que ensayaban –en el corazón– unas versiones muy confusas de lo que parecía un revoltijo totalmente sui generis de "La noche transfigurada" de Hindemith con las melodías de varias canciones de R.E.M. pasadas por distintos filtros de distorsión. Aquellos insensatos, desafinando como locos, se fueron atreviendo –con mucho morro y sin pedir permiso a nadie– a dar nombre y emparejar sentimiento a todo cuanto me sucedía.

y si tú vendrás conmigo

Y así, los deseos, necesidades y dolores que hasta entonces habían quedado desatendidos se fueron haciendo más presentes, mucho más sonoros. La mayor parte de las veces aquel amasijo de sensaciones tocaba fuera de lugar, tiempo y contexto. Y me fastidiaba. Pero allí, sentada todo lo quieta que pude, volví a oír de nuevo los primeros acordes de mi música interior, la original.

Calienta a continuación *la leche, y* antes de que llegue a hervir *añádele la harina, el jengibre en polvo* (pasándolos por un colador y evitando así que se hagan grumos) *y una pizca de sal. Revuelve* bien *la mezcla* hasta lograr que la harina y el jengibre se hayan integrado por completo en la leche y se hayan convertido, todos juntos, en una crema líquida. Después, déjala que se enfríe un poco para no quemarte los dedos cuando envuelvas en ella las zanahorias.

Todos estos cambios me dieron un poco más de esperanza.

o si el tiempo deshará esta rima sin querer."

De vez en cuando podía imaginar que tal vez fuera posible atravesar el dolor y librarme de él. Pero pocos parecían haberlo conseguido. "Tendré que seguir sola", pensaba… No podía ni siquiera sospechar que ya había sido aceptada en la tribu: ¡en la de los exploradores! Y menos aún imaginar con cuántos de sus integrantes había tropezado ya, sin reconocer en su momento. Por lo que se ve, cuando estás preparada, tu grupo del alma sale a tu encuentro.

Reboza ligeramente *las zanahorias* en la crema *y fríelas* inmediatamente ¡con cuidado! *en aceite* bien *caliente.* Como todos los enharinados, éste también es pringoso, un engorro de manejar... Pero mira cómo, en el momento en el que las zanahorias arrebujadas se bañan en el aceite, su consistencia cambia dramáticamente: lo blando se transforma en crujiente, la masa en encaje, el blanco grisáceo en brillante dorado.

"¿Cómo pedirte

De este silencio ya no quería huir. Intimidaba pero era diferente. Desabrido pero un poco acompañado, una pizca nutricio, un tanto amoroso… Gozaba de la familiaridad de un primo lejano recién conocido: no me fiaba totalmente de él pero no podía negar que tenía algo que me sonaba.

que te quedes callada?

Sin palabras, ni excusas, ni razonamientos, ni justificaciones, ni racionalizaciones, ni regañinas, ni trabalenguas: sin defensas, me quedaba a solas conmigo en intervalos cada vez más largos. Y muy lentamente también fue remitiendo el nerviosismo, aunque algunos guardianes de mi cabeza aún no se habían enterado de que habían sido despedidos y siguieran patrullándola con recelo.

Con una batidora, *Haz un puré con los berros* escaldados *y resérvalo.* Por otro lado, *En* una sartén pequeña, calienta *la salsa de carne* (a la que, si quieres, puedes añadir una pizca de miel) y *saltea* en ella *los sesos ya hervidos.*

Y aprendas a oír el canto

Volvía a aproximarme a mí…Resultaba que era de la que siempre había tratado de zafarme. Porque buscando refugio en otros, intentado encontrar un lugar en el que poder respirar tranquila, lo único que había logrado era renunciar a tenerme por aliada. Me había expatriado: llevado –yo solita– a un exilio cada vez más y más lejano. “Retírate dentro de ti misma, sobre todo cuando necesites compañía.” (Epicuro de Samos)

de tu risa alumbrada

Y a pesar de que lo que descubría ahora no me gustara demasiado y que lo

que sentía pareciera caminar a trompicones, me fui abriendo a aceptarlo como propio, a apreciarlo,… aunque fuera de mala gana.

en el fuego y la lluvia al caer:

Hasta que un día, volviendo de trabajar, noté por dentro que mi casa era un hogar y que en él –¡por fin!– daba toda la impresión de que ya vivía alguien.

Fire and rain."

Para servir: *Coloca* primero unas cucharadas d*el puré de berros. Sobre él, unas* cuantas *zanahorias* rebozadas *y encima los sesos* que recubrirás con un poco de salsa de carne templada.

El silencio, si se le invita, arrulla como una nana atenta. Te acuna por el Universo. Te cuida como a una diosa.

Capítulo 3
El reencuentro con una misma

"El viaje del descubrimiento no consiste en encontrar otros paisajes, sucede al mirar con ojos nuevos" (Marcel Proust)

Tarta de melocotón caliente
(Para 6 personas)

Ingredientes:

Querer dejar de vivir de prestado
y además…

Masa:

200 gr. de harina,

140 gr. de mantequilla fría en tacos,

40 gr. de almendras en polvo,

40 gr. de azúcar glasé tamizada,

1 yema de huevo y

2 cucharadas soperas de leche fría.

Relleno:

900 gr. de melocotones bien maduros,

60 gr. de azúcar en polvo,

½ cucharilla de café de canela en polvo,

3 cucharadas soperas de maicena y

15 gr. de almendras en polvo.

Dorado:

1 clara de huevo batida y

15 gr. de azúcar.

1 molde de fondo móvil de 20 cm de diámetro.

Siéntate en una cocina, a poder ser, en un lugar soleado. Si no tiene luz natural elige un sitio que te guste, tal vez cerca del horno. Respira hondo varias veces hasta que puedas concentrarte en ti misma y en dónde estás. Aquí y ahora.

"En la flor que te contempla.

Solo volviendo a mí misma puedo sentir quien soy. Conectar con lo que soy. Puede que al principio lo único que note sea incomodidad, quizás por falta de práctica. Pero todo lo que tengo que hacer es insistir. Traerme cerca. Creer en mí y en que los ratos que paso conmigo son muy importantes..

Y cuando ya estés bien tranquila

Empieza batiendo en un cuenco con la mano o con una batidora de aspas *la harina y la mantequilla.* Trabájalas *hasta que adquieran textura de arena gorda.* Si usas una batidora de mano: ¡Cuidando con la mantequilla, que no salte fuera del recipiente!

Mis ojos en tu luz,

Y pon toda la atención en lo que está ocurriendo: observa cómo la mantequilla se convierte en migas ayudada por la harina y cómo va desapareciendo después en ella. A su vez, también la harina va cambiando tímidamente de color y de consistencia; se vuelve menos huidiza, deja de poner pies en polvorosa, adquiere un poco de elasticidad; se hace ligeramente sólida.

Añade también *la almendra en polvo y el azúcar.* ¡Y tendrás más saltimbanquis que refrenar!

y el tiempo, divertido,

Descubre cómo la harina, la almendra y el azúcar no oponen resistencia. Por eso pueden unirse. Sus gránulos son sólidos y aún así se dejan mezclar. No protestan ni se indignan. Ninguno se considera superior ni inferior a otro. Simplemente cooperan.

Sin dejar de batir, *Incorpora* primero *la yema* de huevo y después *la*s dos cucharadas de *leche.* Y la masa empezará a cambiar de estado: de más a menos sólido.

Pero tampoco por ello se enfurece ninguno de sus integrantes. Prefieren reunirse amablemente, transformarse juntos. A pesar de que para ello tengan que ser batidos, amasados y estrujados. Lo que traducido a procesos mentales humanos produciría –¡cuánto menos!– desasosiego, incertidumbre y dolor.

sonríe como tú.

Siento algo parecido cuando estoy cambiando. Mi mente se revuelve. Las conexiones neuronales parecen desenchufarse de un sitio para reconectarse en otro. Mientras esto sucede mi cerebro se convierte en molinillo, en huevos batidos que aún no han cuajado en tortilla. Ni siquiera puedo concentrarme como de costumbre. Y para mejorarlo, mientras lucho y me resisto, oigo mi grito de música de fondo, aullando como una sirena que recorre el centro de la ciudad...

Certitud a ciencia cierta.

De pronto temo desintegrarme, morir, perder la identidad, volverme loca o hacer cosas raras. Pero sobretodo me asusta quedarme sola, separada. Me horroriza pensar que si me atrevo a cambiar de verdad quizás entonces no guste a nadie.

Maravillada por tu quietud.

Y *Cuando* ya todos *se hayan mezclado* bien *y formen una bola que se despega* con facilidad *del recipiente que los contiene, envuelve la masa en un trapo* seco y limpio *y ponla en el frigorífico,* por lo menos, *20 minutos* Y al pasar, *Enciende el horno a 190º.*

Durante los momentos de más cambio, conmigo misma tengo que hacer lo mismo: es mejor que me deje estar.

Viajo por el silencio del corazón.

No me puedo forzar a asimilar información nueva que –muchas veces –es difícil de digerir.

Y es que hoy

La emocional es la que más cuesta. Por eso me lo tengo que tomar con mucha calma. Y procurarme mucho descanso. Porque agota.

quepo en tu mano."

Ya tenemos la masa para la cubierta del pastel, así que ahora vamos a ocuparnos del relleno: *Pela los melocotones y córtalos* en gajos finos (hazlo sobre un cuenco de cristal para poder recoger todo el zumo que suelten). Después, *Espolvoréalos con el azúcar, la canela y la maicena y revuélvelos* delicadamente con la mano y *déjalos reposar* mientras extiendes y revistes el molde con la masa.

"Y veo la inocencia espabilarse,

He visto a mujeres mucho más prudentes y sensatas dejarse guiar por su inteligencia e intuición y lograr cambiar a mejor. Pero yo lo hice a la fuerza. No me quedaba más remedio, había agotado todas las maneras que conocía de meter mi vida en cintura.

veo la paciencia, sin mirar,

Cualquier disciplina que eligiera parecía funcionar estupendamente durante un tiempo pero, tarde o temprano, perdía su encanto y con él se esfumaba –una vez más –la esperanza en la añorada transformación.

y a toda una vendimia

Cada vez más desencantada, me lanzaba con menos fuerza y más vehemencia a una nueva andanza, intentando llenar el vacío que acampaba por sus respetos en mis adentros.

de pasiones atacar.

Un día, hastiada de no lograr moverme de donde estaba, puse en práctica una sugerencia que me habían hecho: probé a hablar con alguien "allí arriba"… y un par de minutos después me encontré golpeando la sobrecama con los puños, furiosa, lanzando todo tipo de insultos y recriminaciones al posible "lo que fuera".

> ***Rescata la pasta*** del frigorífico ***y colócala entre dos pliegos de papel de horno*** o una bolsa de plástico limpia y abierta como un libro. Y así dispuesta, ***Alísala*** con un rodillo ***hasta obtener un disco*** del diámetro adecuado para recubrir el molde que vayas a usar.

Pero languidece el pensamiento al ignorarlo,

Por una vez, me dejé de contemplaciones y me atreví a poner en palabras todas las injusticias que creía haber padecido, contraponiéndolas a lo admirable de mi sostenido e ímprobo esfuerzo por "vivir rectamente". Odiaba profundamente el estrepitoso fracaso resultante y –en el fondo– sentía que "eso" era el culpable de mi fiasco.

se mira en un espejo universal

Con la sospecha de que, en cualquier momento, me fuera a fulminar un rayo o a desatarse cualquier otro cataclismo con el que –había creído entender– la instrucción católica recibida amenazaba con castigar a quien se pasara tantos pueblos con su insolencia, terminé de soltar todo lo que (por lo que se ve) me impedía conectar.

y espera el momento

Había sido honesta. Sin quererlo, había dicho la verdad.

en que se le rechace

Lo que sucedió a continuación fue lo contrario a lo que creí que ocurriría: lejos de sentirme culpable, me arropó una increíble paz, una preciosa sensación de ropa limpia, de cuentas saldadas.

una vez más.

Yo también lo creía imposible.

Lo que pienso es nada

Pensé que esta vez tampoco duraría.

sí tú no estas."

Retira la capa superior de papel o plástico, escurre la mano por debajo de la otra y *vuelca la masa* extendida *sobre el molde,* procurando centrar bien el diámetro de tu masa con el del recipiente. *Retira* entonces *la capa* de papel o plástico *que queda y vete ajustando* –presionando delicadamente –*la masa al molde* hasta que quede bien tapizado. Si en algún momento la pasta se rasga, solo tienes que sellarla de nuevo con los dedos.

...

... ¡Mira que si yo también pudiera encontrar algo que me ayudara a ajustarme a los cambios... si diera con un enlace certero con la realidad!...

"Y si estoy cansada se arrebata el sentimiento,

...Quizás sí que pudiera haber alguien responsable. Es decir, que responde. Un día oí a Jostein Gaarder contestar a una periodista: "Toda pregunta tiene su respuesta, incluso la de sí Dios existe". Y me dejó pensando: ..."Yo siempre me he quedado en la interrogación, en la duda..."

salta como un potro sin domar,

Pero en cuanto empecé a plantearme si podría creer en algo inmediatamente choqué con un muro: yo tenía un dios en Bilbao, igual que Karen Blixen una granja en África. Y aquel dios era tremendo: un híbrido letal entre Papá Noel y Terminator; susceptible, rencoroso y luego –cuando a él se le antojaba – desconcertantemente bonachón.

y se desboca por cualquier bobada

Unas semanas más tarde, conduciendo por una autopista me entró un miedo espantoso y pedí ayuda "al espíritu de la carretera" ¡A ver si enviaba a un Peter Fonda con su moto a rescatarme!... No sabía ya a quien recurrir... Y de pronto se me cruzó otra idea fogosa que decía que si lo que más me gustaba en el mundo lo había creado supuestamente "eso", su fuerza también tendría que estar presente en el olor del pan recién hecho,...

y decide que me he vuelto a enamorar

...en un paseo por la playa al atardecer, en la sensación de los pies desnudos andando sobre la hierba mojada en verano, en la deliciosa sensación de meterse en una cama con sábanas limpias y planchadas, en el chispeante vuelo de las mariposas y en el sonido de la guitarra de Pat Metheny.

de una estrella, de un sueño, de un trueno,

Luego se me ocurrió que además, si esta fuerza existía y estábamos todos hechos de la misma pasta, tendría que ser cercana, familiar, amable, buena. Le tendría que importar... ¡Vamos, que me tenía que conocer! Y si era así, quizás hubiera una forma de contactar con ella con curiosidad y placer. Sin dolor de tripas.

... Y volví a temer un rayo exterminador... pero nunca llegó.

Cuando hayas acabado de asentar la masa, ***Recorta*** con la mano ***lo que sobresalga y reserva*** las tiras sobrantes para decorar después la tarta. Y sin pausa, ***Enfría el molde*** en la nevera durante, al menos, ***10 min.***

o del último errante que le dio

También recordé que hacía unos días, alguien me había dicho que "lo que fuese" no era quien se había perdido. "La desorientada eres tú", añadió. "Simplemente dile: "Aquí estoy" y "lo que sea" te encontrará". "Lo único que tienes que hacer es ser sincera, querer contactar. Eso es todo."

consuelo –quizás imaginario–

Pero como seguía empeñada en necesitar una idea que –de algún modo – representase a esta fuerza, barajé unas cuantas opciones: la sensación de paz que había sentido, o quizás algo así como un mago o "Maestro del tiempo" (ya que cada vez que tímidamente recurría a ello –a poco honesta que fuera –parecía tener una increíble habilidad para hacer coincidir las cosas de forma casi mágica) o también, el Universo por el morro, ese espacio ingrávido donde flotan los astronautas en las películas (y que cuando es de verdad también parece una peli).

a la herida que el miedo me abrió.

Me daba la sensación de que una imagen me haría sentir más segura, que me dejaría agarrarme a algo, aunque sólo fuera una estampa. Una vez más, mi mente recurría a lo que me resultaba más familiar: a mí también me habían llegado varias versiones de esa fuerza, invenciones de otras mentes, interpretaciones ajenas. Había incluso gente que se obcecaba en que les dieses la razón a toda costa, que les asegurases el acierto de su visión. Y habían sido precisamente estos últimos los que más me habían asustado.

Lo que siento es nada

Huyendo de ese miedo infundido yo había descartado un montón de cosas…

sí tú no estas."

…que ahora quizás pudiera estar dispuesta a volverme a plantear. Por de pronto, podría considerar la posibilidad de empezar por cambiar de gafas.

Cuando quieras montar la tarta, recupera la base del frigorífico y ***Esparce por el fondo las almendras*** en polvo ***y vierte*** después sobre ellas ***el relleno de melocotón*** que habrá encontrado un sitio adecuado donde repanchingarse. ***Reúne la pasta sobrante y moldea*** con ella ***unas tiras redondas*** (como de 1cm de grosor) ***y disponlas*** sobre la tarta, ***entrelazadas,*** como si fueran la trama de una tela, ***fijándolas al borde del pastel con*** unas gotas de ***agua fría.*** Una vez bien compuesta, ***Llévatela al horno*** caliente ***y déjala allí*** durante **25 *minutos.***

"En la flor que te contempla.

Y eso fue todo lo que me hizo falta: soltar mi obcecación. Porque entonces fue esa fuerza –pongamos que hablo del Universo– la que me empezó a rondar y dio conmigo. … Por lo que se ve, para que a una la encuentren no hay como estarse quieta.

Mis ojos en tu luz,

Un día, en una preciosa noche de otoño miré al cielo y sentí un profundo escalofrío. Daba la sensación de que las estrellas se podían tocar, que éramos iguales. Me sentí transparente, sin nada que esconder.

y el tiempo, divertido,

Como sí, reflejada en el azul, pudiera sentirme mucho más hermosa de lo que yo jamás me hubiera atrevido a verme. Y entonces me di cuenta de que, tal vez, encontrarse a una misma y dar con la fuerza de la que recibir dirección y aliento sea lo mismo, tal y como insisten todos los "encontrados".

sonríe como tu.

Y sería por casualidad pero mi ritmo interno empezó a armonizarse. La ansiedad remitía muy poco a poco. Apoyándome en esta fuerza cuando me volvía a llenar de miedo, a ratitos, me sentía un poco más segura. Y al mismo tiempo, también parecía ir haciéndome mucho más consciente del grado de responsabilidad que tenía, no solo sobre mis actos sino también sobre mis intenciones y actitudes.

Certitud a ciencia cierta.

Como si de pronto pudiera elegir entre seguir desconcertada y confusa o arriesgarme a hacer las cosas de una manera prácticamente contraria a lo que estaba acostumbraba hasta entonces.

Maravillada por tu quietud.

Tampoco podía negar que ahora, al menos por el momento, tenía compañía.

...Y muchos de ellos llegaban sanos y salvos al otro lado...

Al cabo de ese tiempo *Extrae la tarta del horno y pinta con la clara del huevo* un poco *batida* y un pincel de cocina *las tiras de adorno.* Después, *Espolvorea la tarta* con *azúcar y devuélvela al horno* otros *20 min.*

Viajo por el silencio del corazón.

Quizás, después de todo, la ofuscada había sido yo.

Y es que hoy

Tal vez la solución a mis problemas era mucho más sencilla de lo que jamás hubiera imaginado.

quepo en tu mano."

El pastel estará listo cuando la pasta se haya dorado y el relleno hierva suavemente. Y *Se sirve caliente, acompañada de crema inglesa* (*), *nata y* también es riquísima con *helado de vainilla*.

* encontrarás la receta en el capítulo 12.

La fruta madura se deshace en el horno, burbujea igual que ronronea un gato acariciado celebrando el abrazo del calor. Se funde gustosa… Si un melocotón es capaz de eso… ¿Quién querría renunciar a unos brazos sólidos donde encontrarse? ¿A una fuerza omnipotente y descomunal siempre a tu disposición?

Segunda parte
La exploración

la tierra

el oído

el norte

el invierno

Capítulo 4
Una exploración en el cuerpo

"Lo que creemos saber suele ser, precisamente, lo que nos impide aprender"
(Claude Bernard)

Hojaldres de puerros y mermelada de cebolla

(Para 6 personas)

Ingredientes:

Una mente abierta,
el propio cuerpo como mapa
y además...

Hojaldre:

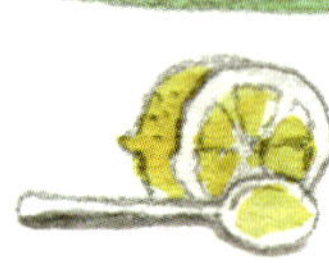

200 gr. de harina,

200 gr. de mantequilla fría en tacos,

80ml de agua fría,

1 cucharilla de café de zumo de limón,

una pizca de sal y

1 huevo.

Puerros:

6-8 puerros hermosos y

30 gr. de mantequilla.

Mermelada de cebolla:

400 gr. de cebolla,

3 cucharadas soperas de aceite de oliva,

1 cucharada sopera rasa de azúcar moreno,

50 gr. de mantequilla,

200 ml de caldo de ave,

30 ml de vinagre de vino tinto,

1 cucharada sopera de salsa de tomate casera,

1 cucharilla de café de semillas de cilantro,

pimienta y sal.

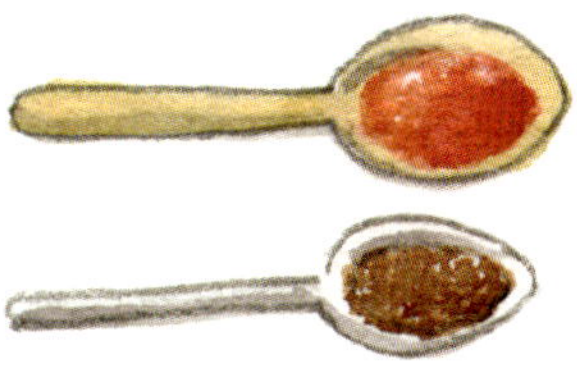

La exploración partió desde donde me arriesgué por fin a cambiar. Probé a dejar de juzgar (y de juzgarme) y me esforcé por abrir mi mente para poner en cuestión casi todo de lo que, hasta entonces, había asumido como cierto.

"Como un regalo,

Me puse a averiguar quién era en realidad. Algo por dentro me decía que era el momento de adentrarme en serio en una jungla que ya conocía, pero que ahora, mirándola desde otro ángulo, parecía mucho más interesante.

nuevamente entregado,

Siempre había querido aprender a hacer hojaldre. Había oído que la temperatura era importante; el calor hacía la empresa imposible. Así que aproveché que era invierno para intentarlo.

Pon la harina y la sal en un recipiente con 30grms de la ***mantequilla*** cortada en tacos ***y bátelos*** con unas aspas eléctricas ***hasta que parezca arena gruesa***. *Aparte*, en un vaso, ***mezcla el zumo de limón con el agua y sin dejar de batir, incorpóralos*** poco a poco ***a la harina.*** Así obtendrás una bola de pasta blanda que se despega del recipiente que la contiene. ***Si la masa resulta*** un tanto ***seca, añádele*** sólo unas gotas de ***agua fría.*** (¡Ojo! es mejor que tengas que agregar más después a que te pases de buenas a primeras). Luego, ***Coloca esta masa sobre una superficie ligeramente enharinada y hazle dos cortes profundos en el centro y en forma de cruz.*** Esta operación tan "metafísica" le confiere flexibilidad y la hace más maleable. Ya "exorcizada", ***Envuélvela*** en un trapo ***y déjala reposar*** en un lugar fresco (que no hace falta que sea el frigorífico) unos ***15 minutos.***

buscando calor

Y empecé por dejar de juzgar lo que tenía más a mano: me pongo delante de un espejo desnuda. Me pongo de mi parte. Despido al juez de mi cabeza. Simplemente miro las formas de mi cuerpo, sus contornos. Dejo de sacarle los mil y un defectos que siempre le encuentro y –en cambio– le agradezco estar aquí conmigo. Me acerco.

te has vuelto a mi agotado

Hasta ahora lo he tratado como si fuese de otra, como a una burra de carga que pudiese extenuar sin padecer después las consecuencias. Quizás porque había en él sensaciones de las que nunca había querido saber. Sueños y deseos que resultaban demasiado dolorosos de examinar. También sospechaba que pudiera recriminarme haberme olvidado de él, haberle dejado una y otra vez en la estacada.

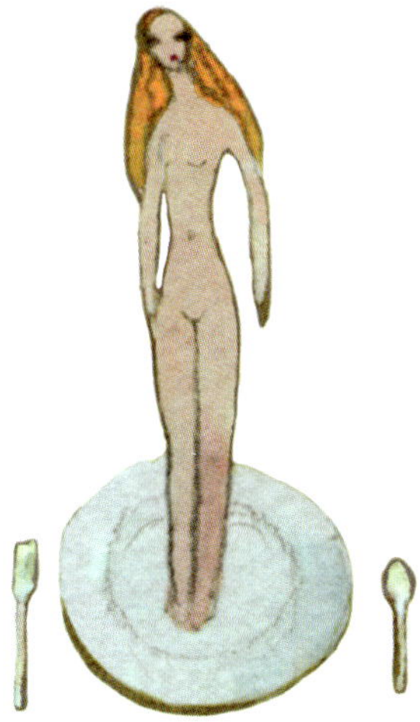

y desnudo de razón

Ahora me aproximo a su familiaridad. No la doy por supuesta. Me paso la mano por la cara: es mi rostro pero parece cambiado, el tacto es más profundo, la mirada más íntima. Me aproximo a mí y me quedo quieta….Y poco a poco mi cuerpo me empieza a hablar. Primero se queda parado, dubitativo. Después me pide atención: "Tómame en serio". "Quiere un compromiso permanente de no agresividad". "Si de verdad quieres oír lo que tengo que decirte tendrás que prepararte a escuchar cosas que tal vez te incomoden… y mucho.", dice.

sin más remedio

"Solías ayunar. Durante cuatro días no comías y solo bebías agua y caldo de verduras. Después, dejaste de salir de noche, de beber alcohol, de fumar y me acostumbraste a comer tres veces al día. Y cambié: me hice más sólido y contundente. Pero a ti no te gustaba. Tardaste meses en darte cuenta de que –desde que empezaste a fumar a los catorce– habías tenido una referencia enferma de mis dimensiones y constitución. La sana apareció años después de que dejaras de ingerir tóxicos."

"Cuando pudiste empezar a apreciarme tal y como soy comprendiste que tu necesidad de purgarme no era más que una manera de intentar borrar la tristeza, la vergüenza, la soledad y el odio que sentías hacia ti misma."

que escuchar al corazón,

"Te has tenido que fiar más de lo que te decía la cabeza que de lo que me esforzaba por contarte yo. La cabeza te hace creer que controlas la realidad, es capaz de crear esa ilusión. Lo que yo te digo nunca tiene filtro: va directamente a las tripas y al corazón."

mirar para dentro

"Quiero que te enteres de una vez que este cuerpo es para ti. Este mapa es todo tuyo. Tú eres la única responsable de aprender a descifrarlo, de cuidarlo, de responder de mí."

y aceptar el dolor.

"Vas a necesitar algún tiempo aún para acostumbrarte a vivir a gusto en mí, para habituarte a conversar conmigo y hacerme realmente caso. Así que no te impacientes…

Y hacerlo amor,

…y estate segura de que éste es un muy buen comienzo", añade.…

como quien vuelve plomo en oro

Y estaba yo charlando animadamente con él cuando de pronto saltó la ira de entre la maleza como un animal salvaje herido: estaba furiosa y no lo sabía. Había leído en algún sitio que la rabia se podía desmembrar vareando la cama. Pero me daba miedo atreverme a coger un palo. Temía que lo que fuera a estallar tuviera fuerza suficiente para matar. Y que su voracidad me llevara también a mí por delante…

y oro en luz."

Miré para atrás queriendo retroceder pero una vez comprobé que no había camino de retorno, no tuve más remedio que avanzar y conjurar la cólera. Con ella mi cuerpo escupía por fin la memoria de heridas pasadas. Su registro se había quedado grabado en la piel, las huellas preservadas intactas para poder servirme de migas de Pulgarcito y conducirme al foco desde donde emitía el dolor. Pero solo después de haberse asegurado de que estaba preparada para enfrentarlo, de que sus destellos ya no me destruirían…

Sobre una superficie fresca, ***Espolvorea un poco de harina sobre la mantequilla restante, colócala entre dos hojas de plástico*** o de papel antiadherente de horno ***y extiéndela*** suavemente con un rodillo ***hasta aplanarla. Retira*** entonces ***el plástico*** o papel, ***pliega la mantequilla por la mitad y vuelve a taparla*** con el envoltorio ***para amasarla de nuevo. Repite esta operación*** tres o cuatro veces ***hasta que la mantequilla se haya vuelto dúctil*** que no blanda (una imagen estupenda de la buena disposición a aprender). Y entonces, resérvala.

"Busca en lo que tengas.

Y en cuanto destapé la violencia, me alcanzó el dolor original: imposible de describir. De repente me sentía triste e irritada, acorralada y suicida. Me rodeaba una niebla espesa y mortecina, me engullía la pena, me atrapaba la ausencia. Mi melena se enredaba en espinos invisibles.

Hay lo que hay.

Y cogía el palo y sacudía la cama; me metía en un coche y gritaba insultos y maldiciones; me tiraba a la piscina y nadaba hasta quedar exhausta.

Y mira que te mira,

Descubrí que la ira es física.

mira lo que hay que cambiar.

Hay que librarse de ella de forma inocua para todos. Se puede.

Coloca a continuación ***la masa de harina sobre una mesa enharinada y*** con el rodillo ***extiende*** (del centro hacia fuera) sus ***cuatro lados*** de forma que cada uno de ellos haga media circunferencia. Interesa que estas prolongaciones tengan espesor de masa y extensión suficiente para que una vez doblados sobre el centro recubran bien la mantequilla. ***En el centro quedará un cuadrado del tamaño del taco de mantequilla.*** Y así la masa se prepara para recibir lo que la va a hacer volátil. Y lo hace abriéndose, haciendo un esfuerzo por extenderse. Elige pareja de baile… y comienza el vals:

Levanta la pasta y gírala noventa grados. Pon la mantequilla sobre el cuadrado central y recúbrela con los cuatro lados. Séllalos bien con los dedos. ***Vuelve a girar la masa otro cuatro de giro y MUY DELICADAMENTE amásala con el rodillo.*** Estás en una encrucijada: en este momento la mantequilla estará siendo absorbida por la harina. Por todos los medios hay que evitar que la mantequilla se desborde y se salga de la pista, quiero decir de la masa. ***Con golpes de rodillo, breves y rápidos, extiéndela en forma de rectángulo. Pliégalo*** entonces ***en tres*** como si fuese una carta –un, dos y… un, dos y…– acercando la parte inferior al centro y tapándola luego con la superior ***y*** entonces ***habrás acabado la primera vuelta*** y el mayor peligro ya habrá pasado. Tu masa se habrá vuelto bailarina.

"…Paloma, la pluma, reina de la pista…" (Cecilia).

Y guarda solamente

Toda aquella ira estaba justificada y sin embargo, averiguar las razones y hechos que la habían iniciado y alimentado no era suficiente para arrancar el dolor que se había quedado atrapado en las células.

lo que te ayude a comprender

Siguiendo sus rastros –y con ayuda de otras exploradoras– comprobé que el odio provenía de lo que otros primero y después yo misma habíamos hecho con mi cuerpo. En resumen: ninguno lo habíamos respetado.

Verás como las vueltas siguientes resultan cada vez más sencillas: ***Levanta la pasta y gírala otros noventa grados. Vuelve a extenderla con el rodillo hasta obtener otro rectángulo y pliégala de nuevo en tres*** y para recordar por dónde vas, aprieta con las yemas de dos dedos sobre el centro de la superficie y deja la huella que señala el final de la segunda ronda. ***Envuelve la pasta*** en un trapo húmedo ***y llévala al frigorífico 15 minutos.***

el camino que has andado

También fue errada mi interpretación de las letras de las canciones de Joni Mitchell, Rickie Lee Jones, Karla Bonoff, Judy Tzuke y muchas otras. La educación sentimental que de ellas extraje resultó ser un desastre de modelo. De adolescente entendí que para tener una vida roquera e interesante había que salir a buscar el amor fuera de una misma (en casi todos los temas el destinatario era un hombre que –por el motivo que fuera –no se dejaba querer) y después de todo un sinfín de aventuras (a las que me llevarían intentar comprender porqué huía él) podría marcharme sola a un rincón a escribir canciones tristes y melancólicas. Esta era, más o menos, la idea del amor que yo me había hecho siguiendo la estela de sus héjiras. ("Muchas veces tenemos por amor lo que es verdadera desgracia." Shakespeare. Macbeth).

y tararee

Aprovechando el hipnótico y deslumbrante sonido de acordes y melodías se coló, en mi joven mente, una filosofía de vida que alardeaba de afanarse por perseguir la libertad personal pero que con el tiempo –para mí –sólo había resultado ser un estupendo manual de cómo convertirme en mi peor enemigo (¡con lo lista y valiente que me había creído yo!).

el que puedes recorrer

Por lo que se ve, lo que una hace con su cuerpo, la relación emocional con una misma y la conexión espiritual con el Universo están todas ellas íntimamente relacionadas.

con los pies en la tierra

Alguien me tendría que ayudar a obtener información más moderna e innovadora. Yo sólo tenía la buena voluntad de aprender de nuevo. De lo demás, no tenía ni referencia ni idea sana

y la tierra a tus pies."

Al cabo de este tiempo, ***Dale dos vueltas más,*** imprime cuatro marcas ***y devuélvela al frigorífico.*** Y ***Cuando la vayas a utilizar tendrás que darle otras dos más*** aún.

Leído parece un mareo pero comprobarás cómo –a fuerza de girar –la masa se va haciendo más elástica y coherente. Cuando acabes, entenderás que todas las revoluciones eran imprescindibles. Del mismo modo que necesitamos todas las experiencias que vivimos, aunque creamos algunas inútilmente dolorosas mientras nos van convirtiendo en quienes somos. ***En total tendrá que haber girado seis veces.***

"Y despídete de ayer

Una monja del colegio me explicó de dónde venían los niños y como no entendí nada consulté la Enciclopedia Británica que incluía unas láminas estupendas. No logré traducir la información que buscaba pero sin embargo descubrí la utilidad de los libros. Los secretos que tanto les costaba a los adultos abordar estaban explicados en aquellas letras y dibujos. De mayor comprobé que ni las aproximaciones de la monja ni mis deducciones de aquellas ilustraciones habían sido acertadas. ¡Menos mal que la realidad no tenía nada que ver con aquella cosa siniestra que ella intentaba describir y cuya atractivo no lograba revelárseme!

Una vez acabada la masa del hojaldre ya podremos calentar el ambiente y encender los fuegos para hacer la mermelada de cebolla: ***Trocea las cebollas*** en aros finos ***y ponlas en un cazo*** a fuego medio ***con la mantequilla, el aceite y el azúcar.*** En cuanto cobren un color acaramelado ***Rebájalas con el vinagre y déjalas hacerse*** hasta que se haya evaporado la mitad del jugo.

Riégalas entonces ***con el caldo y espera,*** de nuevo, ***a que se reduzca a la mitad y*** entonces ***añade el concentrado de tomate, la sal, la pimienta y las semillas de cilantro molidas*** en el molinillo. ***Tapa el cazo y déjalo cocer*** –siempre a fuego lento– ***en torno a una hora,*** removiéndolo de vez en cuando para asegurarte que tiene suficiente líquido ¡No vaya a quemarse! ***Si es necesario, añádele un poco más de caldo.***

Como si entrara en calor, muy despacito, me fue cautivando una preciosa sensación de excarcelada.

que es tiempo de volar.

Había veces que tenía agujetas sin saber porqué (¡y en los sitios más inverosímiles!). Estaba increíblemente cansada o de pronto me desbordaba el llanto sin aviso previo. Pero con cada una de estas reacciones –una y otra vez – estrenaba un sosiego nuevo. Me acogían bienestares que nunca me habían abrazado antes...

Calienta el horno a 220º.

Por encima de las nubes

La recuperación del cuerpo suele ser muy lenta. Muy poco a poco sentí cómo me era tiernamente devuelto el mío.

Para hacer los puerros: ***Lávalos y pélalos*** concienzudamente. ***Córtalos*** en troncos de 7 cm de longitud ***y sumérgelos en agua salada*** hirviendo durante ***4 minutos.*** Entretanto, ***Derrite la mantequilla*** en una sartén y –una vez escaldados– ***cuélalos,*** ponlos en la sartén, ***salpimienta*** generosamente ***y déjalos fundirse a fuego lento*** evitando que se quemen, unos ***20-25 min***utos. (Si ves que se quedan sin grasa añade un poco de aceite de oliva suave). Cuando acaben de hacerse ***Vuelve a salpimentarlos y resérvalos.***

el sol te da

Dejarse crecer ¡Eso sí que es explorar! Atreverse a reflejar lo que una sabe que hay de bueno en ella; no esconderse ni avergonzarse de la realidad propia, sea cual sea; compartir sin miedo lo que una siente que es de verdad.

la primera bienvenida

Yo había volcado esfuerzo y perseverancia en destrabar los nudos. Y la recompensa a mi valor fue que la ira expulsada logró –justamente –dinamitar la barrera que separaba mi cuerpo del Universo: una frontera de fabricación propia e involuntaria que, sin querer, había ido construyendo a lo largo de los años a base de vergüenza, sospecha y miedo. Y se abrió la puerta que me separaba de la bondad y me encontré digna de prepararme para recibir en mi casa a la fuerza con todo su reluciente amor.

fuera de la oscuridad:

En una superficie ligeramente enharinada y fresca ***extiende*** de nuevo ***la masa del hojaldre hasta*** conseguir ***que tenga unos 2 cm de espesor*** uniforme. ***Corta*** entonces ***6 rectángulos de masa*** con un cuchillo bien afilado, ***y ponlos sobre una bandeja de horno*** engrasada con un poco de mantequilla. (Recuerda que la masa se expandirá, no los pongas demasiado juntos). Después, ***Agujerea toda su superficie*** –incluidos los lados– ***con un tenedor pequeño*** haciendo unas diminutas chimeneas por donde se pueda colar el aire para que sople e hinche el hojaldre. Finalmente, ***Píntalos*** con un pincel de cocina ***con el huevo*** ligeramente ***batido, llévalos al horno bien caliente y espera 12-15 minutos hasta que se doren*** (A partir de los 10 minutos no los pierdas de vista: se queman con mucha facilidad).

"una pequeña muestra

En medio de la selva pude comprobar (también otras exploradoras lo habían ya constatado) que bajo casi todo conflicto emocional intenso cuyo dolor precisa ser medicado de una u otra manera subyace una traición sexual, un abuso, un robo, una necesidad ajena indebidamente satisfecha..

de lo que es capaz."

Yo empezaba a cambiar y el que parecía distinto era el mundo

A la hora de servir: ***Abre los hojaldres por la mitad*** de su altura y con un cuchillo y mucho cuidado, separa las dos partes. ***Extiende*** sobre la base ***una*** buena ***cucharada de mermelada de cebolla, coloca*** sobre ella ***dos trozos de puerro y tápalos*** con el otro pedazo. ***Sírvelos mientras estén aún calientes.***

Las heridas más profundas son las que nos lanzan a la exploración, nos llevan al exilio. Pero desde allí –paradójicamente– es desde donde mejor se divisa el camino de vuelta a casa.

Capítulo 5
Una exploración en el lenguaje

"So, so you think you can tell Heaven from Hell,
Bueno, ¿Así que crees poder distinguir el Cielo del Infierno?
blue skies from pain.
¿La ausencia de problemas, del dolor?
Can you tell a green field from a cold steel rail?
¿Un prado verde, de las frías vías del tren?
a smile from a veil?
¿Una sonrisa, de una mueca de disimulo?
Do you think you can tell?"
¿Crees saber diferenciarlas?
(Pink Floyd)

Filetes de lenguado Vichy y patatas con trufa

(Para 4 personas)

Ingredientes:

Un buen diccionario,
la sincera intención de conocer el significado de las palabras
y además…

Pescado:

4 lomos de lenguado bien limpios,

200cc de caldo de pescado,

10 cc de aceite de oliva,

1 cebolla mediana, ¼ calabacín, 1 puerro y

un recipiente resistente al fuego y el horno.

Guarnición:

200 gr. de patatas,

80 gr. de trufa negra,

10 gr. de hinojo fresco,

400 cc de caldo de pollo,

un chorrito de aceite,

pimienta blanca y sal.

Descubrí que la jungla en la que me hallaba abarcaba también otro territorio: el del sistema de creencias proveniente del intrincado mosaico de ideas y composiciones de lugar que había ido elaborado acerca de lo que sucedió en el pasado, especialmente en mi infancia y adolescencia. Los enclaves más espinosos se concentraban alrededor de las vivencias surgidas de las relaciones con la gente que me rodeó creciendo. Sobretodo mis padres. Y lo que había aprendido de ellos: los afectos que nos habían unido y distanciado.
Salir de aquel galimatías planteaba una labor de titanes. La información que había asimilado sobre, de qué iba este mundo y lo que debía de hacer en él era una pura maraña.

"¿De verdad crees, de verdad,

Descubrir la realidad que yo sentía como cierta resultó ser la única forma de desenredar el embrollo de una vez por todas. Para ello, fue preciso desmontar la "versión oficial" de los hechos que a mí me habían llegado: una visión que –tal vez– otros recrearon para sí y con la que –imagino– se sentían seguros. "No se puede desatar un nudo sin saber cómo está hecho"(Aristóteles). .

que uno se descubre

Poco a poco fui atreviéndome a mirar de frente los hechos y abrazar los sentimientos que ahora despertaban. La parte más difícil de la investigación fue dejar que cayera el muro que separaba lo que mi corazón quería que fuese cierto –es decir, la ficción de mi propia historia– de lo que mi cerebro quería ocultar a toda costa, o sea, lo que siempre supe y consciente o inconscientemente preferí no ver.

avanzando en las tinieblas,

Me sentí traidora una y mil veces. Como si estuviese sentando en el banquillo de los acusados –y para un juicio sumarísimo– a todos cuantos antes, pareciera haber jurado lealtad absoluta. Creía recriminar cuando lo único que buscaba era una interpretación del pasado donde todos cupiésemos con holgura y misericordia. Mi supuesta fidelidad me había puesto unas orejeras mayúsculas que me forzaban, aun en el presente, a complacer a todos y que no me dejaban atender mis necesidades y anhelos ni avanzar por la vida con alegría y desenfado. Así que me tuve que poner de mi parte las mismas mil y un veces. A menudo con vértigo y otras, con dolor desgarrador. A pesar de los pesares me autoricé a ser mi mejor aliada. Aunque lo que recordara y sintiera desafiara todo lo familiar.

adentrándose en el mar?"

La pequeñaja necesitaba ahora la incondicionalidad que antes yo misma le había negado. Tenía que elegir por las dos, si seguir siendo víctimas –aunque sólo fuera un poquito– y como tales quedar impotentemente atrapadas en el dolor traspasado, echando la culpa a otros de nuestras dificultades presentes o atrevernos a ser las protagonistas de esta vida y afrontar valientemente nuestro destino. Para ello tendríamos que repartir la responsabilidad de los hechos a quienes correspondiera y ocuparnos nosotras de lo que realmente nos competía: cambiar nuestros esquemas y directrices por unos más útiles y constructivos; volver a aprenderlo todo de nuevo para poder aspirar a una forma de vida completamente revolucionaria.

Calienta el horno a 180º. Vamos a hacer, a un tiempo, pescado y guarnición. Prepararemos unas patatas con trufa: ***Lávalas y pélalas*** bien ***y córtalas*** después *en láminas* muy finas. ***Haz lo mismo con las trufas.*** Y ***Pica*** luego ***el hinojo*** como si fuese cebolla.

Según me fui aproximando a los recuerdos que realmente me habitaban fui experimentando los efectos de una sorprendente renovación: .

"¿Y que hablarte es

Sin avisar, me llegaban escenas carentes de todo significado emocional. Como si emisor y receptor –aunque fueran la misma– a duras penas reconociesen el código. Después, el mensaje se ponía en contacto con el corazón y entonces quemaba como ácido sulfúrico. Otras veces, las imágenes llegaban a tropel y nada más surgir parecían ir a arrancarme la piel a trozos… Y era pequeña… y era ahora: unos chinos sádicos clavándome astillas bajo las uñas. El Ogro,

los soldados y la peor de las brujas: todos volvieron. También me asaltaban sentimientos que ni siquiera podía expresar con palabras. Estos eran los más difíciles de armonizar...

romper el maleficio,

Cuanto más viajaban la mente y las tripas hacia atrás en el tiempo, más auténticas eran las emociones: más capaces de resucitar a la princesa dormida para devolverla –entera– a la realidad presente...

invocar un terremoto

Sentí recuperar todo lo que sabía haber olvidado adrede por azuzar la culpa y la vergüenza. Y lo dejé llegar. Y palpaba el peso de lo que me traía como si tanteara el contorno de un bulto escondido debajo del abrigo. Y lloraba otro pedazo de paraíso perdido para acabar dándole las gracias por devolverme, como de un puzzle, otra pieza de mí (¡Es impresionante lo que se tarda en encontrar algunas!).

o imitar al huracán:"

Fuera lo que fuese, una vez enfrentado, la memoria y su dolor se hacían pequeños, llevaderos, finalmente livianos para acabar marchándose silenciosos e inocuos. Inocentes como nubecillas.

Pon el hinojo, las patatas, las trufas y el aceite de oliva en el molde ***y revuélvelo todo*** suavemente con la mano***. Añádeles el caldo de pollo y llévalo al horno*** caliente durante ***30 minutos.***

"Arriesgarte

Las palabras se pueden adornar con entonaciones y gestos, cuidar un poco. También tirarse por el suelo y tratarlas como a un trapo. Las hay que duelen al decirse y otras, una vez en el exterior, refrescan y alivian. Y están las que se obcecan en lo oscuro y –pesimistas– no se esmeran precisamente en ahuyentar la pena.

por encima del abismo,

Lo que se pronuncia resuelve o estorba, despide o abraza. O no hace mucho por nadie y se pierde por el aire.

que separa

Las palabras son un asunto realmente peliagudo.

una soledad de las demás;

También los silencios pueden ser infinito o infierno, aproximación o lejanía, resplandor o el infranqueable terreno de una indómita isla en guerra.

mentira, de verdad,

Pero, con diferencia, lo más impresionante del lenguaje es que pueda ayudar a que dos personas se identifiquen. Que sirva de puente entre ellas.

ficción, de realidad?"

Y ahora el pescado: ***Corta la cebolla, el calabacín y el puerro*** finamente ***en juliana.*** Igual que a las patatas, las trufas y el hinojo, también desmenuzaremos el resto de las verduras.

Parece ser que la verdad, para ser comprendida, tuviera que ser dosificada, laminada, digerida a trocitos.

"¿De verdad crees que tu corazón es

Y una vez que el dejar el pasado atrás cobró visos de verdadera posibilidad, me puse a examinar las consecuencias que este aprendizaje tergiversado había impreso en mi conducta. Con tenacidad de rastreador observé mis acciones y vi que estaban muy lejos de lo que pretendía: era hosca con la gente a la que me quería acercar; huía y desconfiaba de lo bueno y seguía creyendo casi todo lo negativo que llegaba a mis oídos. A menudo seguía queriendo tener la razón a toda costa y me sorprendía creyendo defender lo que consideraba que me pertenecía ("¡Y era lo justo!") cuando juzgaba y criticaba a otros. Queriendo tener una existencia pacífica y amorosa concebía –a mi pesar– un mundo hostil, despiadado y mezquino.

el barco en el viaje,

Y me miré en el espejo: dolía aceptar que esa fuera la visión que estuviera eligiendo para mí. Porque mi percepción de la realidad es la cosecha de mi propio huerto y yo, la única hortelana responsable.

el arma del coraje,

Y quise cambiar.

y el mejor mapa que hay?"

En esta latitud ya sabía que se podía.

Pon las verduras a freír en el aceite a fuego medio ***en un recipiente*** imperturbable (asegúrate de que no tenga ninguna intención de agrietarse. Si vas a utilizar una cazuela de barro humedécela bien antes de ponerla al fuego), ***y deja que se pochen*** durante 10 minutos.

"¿De verdad crees, de verdad,

A medida que me integraba, pasado y presente se convertían en una realidad mucho más sorprendente e interactiva.

que hace falta desnudarse,

En mi cocina olía de nuevo el pescado recién llegado a las lonjas de Bermeo. Y que yo acabo de comprar en el mercado de Santa María de la Cabeza. Descubría los callos en las manos de los pescadores, espiaba las miradas furtivas a las cajas que se descargaban. El pescadero lo ha envuelto en un papel que ha doblado como si empaquetara un libro, un ladrillo o un pez de madera. Recelosa de la crueldad de los arpones, buscaba perderme en la algarabía del puerto; al son de las roncas bocinas de los barcos; comprender los saludos bilingües y las correspondientes sonrisas monosilábicas como respuesta. He subido ligera la cuesta hacia casa para que no se me escapara su frescura. Todo un tráfico fascinante de gente y peces revueltos. Mucho más armónico que el de estos coches que me esquivan, impacientes y escurridizos. Y de golpe, me apartaba para que no me salpicaran los manguerazos que apremiaba al río de sangre y escamas a correr vertiginoso hacia los sumideros. No como el de esta lubina que resbala indolente hacia el desagüe de la pila.

y desarmarse,

De nuevo podía recuperar la emoción del descubrimiento, atrapar retazos de escenas ya vividas, volver a olerlas. Alimentarme otra vez de mis ganas de abrirme paso de entonces, entre los peces, entre la gente.

de prejuicio e intención

Y en cuando empecé a escuchar a otros sin prejuicio, me llenó de sorpresa la información que me alcanzaba. Las palabras se volvían mapas hacia los alrededores de otro corazón, señales de socorro, celosías que velaban todo un harén, huellas frescas de movimientos precipitados y recientes, telarañas de tedio y falta de interés, enjambres de abejas obreras que se prometían ir a

construir algo pronto y que mientras tanto, se movían frenéticas, irritadas por el ritmo de ciudades insensatas… Poniendo atención en la escucha se abrieron ante mí paisajes enteros.

para volver de una vez

También fue surgiendo una yo que no conocía, menos estricta pero también más resuelta; mucho más espontánea. Conquisté una risa honda y explosiva que hasta a mí me asustaba a veces.

a llamar a las cosas por su nombre

La herramienta fundamental para transformar mi panorama interno consistió en exponer sin miedo todos mis sentimientos atrapados en el tiempo –aciertos y errores pasados y presentes– a otra persona que, antes que yo, ya había atravesado su propia selva. Lo que le permitía comprenderme y ayudarme a salir a salvo y deprisa de la mía.

También escribí decenas de listas de material de deshecho propio y ajeno y trabajé con afirmaciones. Para cada creencia básica ("No merezco…") buscaba un antídoto ("Soy merecedora de lo mejor solo por el hecho de estar aquí). Cada contraveneno me devolvía a la mañana del día de Navidad. Regalo a regalo. Las escribía hasta que me las creía, cinco veces al día ¡Algunas durante años!

y no engañarse

Es curioso lo que ocurre con los prejuicios: cuando los descubres, se ruborizan y se esfuman.

con lo que quizás pudo ser?"

Subi el horno a 200º. Las patatas llevarán ya 20 min. haciéndose. ***Calienta el caldo de pollo*** en un cazo.

"¿Y tú crees, que podamos recordar

Cuando te hablo, llegan rodando hasta mis pies la sucesión de cambios que hasta ti me han traído. Aparecen ritmados en guiños de ojo como si fueran captados por tu cámara caleidoscópica de colores vibrantes. .

lo que ya sabíamos

Cuando me escuchas, se desdibuja el guión de mi vida. En silencio me animas a saborear la compartida presencia de saberme viva..

aún antes de llegar?"

Sobre las hortalizas, ***Coloca los filetes de lenguado y rocíalos*** poco a poco ***con el caldo templado,*** hasta que estén totalmente sumergidos. Como ya el lenguaje en el sentimiento, nadando a sus anchas. ***En cuando*** el caldo ***rompa a hervir, apártalo del fuego y lleva el pescado al horno*** caliente unos ***12 minutos.*** (Es mejor quedarse corta en la cocción del pescado que no pasarse y que se desmenuce).

"¿Y arriesgarnos

"El apego es un prolífico fabricante de ilusiones; la realidad solo puede ser comprendida por aquel que se desprende" (Simone Weil)..

por encima del abismo

Libre, el corazón puede finalmente sopesar: ¿compensa la separación?.

que separa una soledad de las demás;

Un día me saludaron unos ojos. Me vieron. Me sentí vista. Comprobé que otros también exploraban en mí.

mentira, de verdad.

"La única verdad es la realidad." (Aristóteles)

ficción, de realidad?"

Sirve el pescado inmediatamente: escúrrelo con mucho cuidado (pues se rompe con facilidad) ayudada por una pala o espumadera ***y recupera*** también ***las verduras*** del caldo. ***Disponlos*** en un plato ***junto a las patatas*** como guarnición. ***El jugo sobrante viértelo en un cazo, hazlo hervir*** a fuego vivo ***sólo*** durante ***un minuto*** y sírvelo en una salsera.

Niña y adulta por fin aliñaban juntas pasado y presente común con una naranja dulce, fresca, jugosa y consciente. Para una vida nueva. Pasada y nueva. Vivida y nueva. Nuevamente recreada. Felizmente reconstruida.

Capítulo 6
Una exploración en la fe

Pastel de chocolate y crema de castañas

(Para 6 personas)

Ingredientes:

Querer despegar de una vez
y además…

110 gr. de chocolate negro,

75 gr. de mantequilla,

435 gr. de puré de castañas sin azúcar (se venden latas de exactamente este peso),

90 gr. de azúcar,

10 gr. de azúcar vainillado,

3 huevos y

6 gr. de cacao en polvo sin azucarar.

1 molde desmontable
de 22 cm de diámetro
y papel antiadherente.

"En el largo camino de la vida humana la fe es la mejor compañera;
es el mejor refresco para el sendero, la mayor posesión" (Buda).

Primero abre bien los ojos y respira hondo. Hazte consciente de dónde estás: siente tu cuerpo en cada inspiración, en cada espiración. Después relaja tu mente vaciándola de todo lo que no sea la conciencia de estar plenamente en el momento que disfrutas ahora.

Calienta el horno a 180º y prepara el molde: engrasa toda su superficie interior con mantequilla y después ***recubre su fondo*** con un círculo de papel antiadherente. Y tómate tu tiempo. Dibuja una circunferencia en el papel de horno usando la base extraíble como plantilla, recórtala con una tijera y colócala después dentro del molde.

Mientras pones a punto el recipiente, disponte a cocinar: reúne tu energía, haz acopio de buena voluntad.

"A rastras me llevas,

Por lo que se ve, del mismo modo que existen infinidad de líneas telefónicas también hay muchas formas distintas de establecer la conexión. Para elegir la adecuada para cada una solo hay que asegurarse –a base de práctica– de que se produce el cambio de que la transformación abarca todos los niveles de la existencia. Es decir, que funciona. Si no es así, o bien la práctica es deficiente o una aún no ha descubierto el obstáculo que bloquea la comunicación o lo que interrumpe la corriente (un buen repaso a todas las posibles adicciones quizás te pudiera dar una pista de donde podría estar la avería "desconectadora").

pero despacito yo voy

Yo elegí una práctica muy sencilla para acostumbrarme a conectar: todas las

noches le daba las gracias por cuidarme y al despertar, por la mañana, le pedía que me ayudara. Muy simple. Lo hacía todos los días. No requería más que un poco de concentración en significar lo que decía.

construyendo un puente de estrellas

Encontré un par de textos que me gustaban y con las que me sentía identificada: no eran nada dramáticos. Y los leía con la misma atención con la que una se aprende la letra de una canción. No tenía excesiva confianza. Notaba que las cosas iban mejor y no quería que se acabase la buena racha. Eso era todo.

entre la Luna y el Sol."

Trocea el chocolate y fúndelo con la mantequilla en un cazo ***al baño María*** revolviendo de vez en cuando ***hasta que se hayan derretido y formen una crema untuosa.*** Entonces, ***déjalos enfriar.*** Elige un chocolate de una concentración de cacao no superior al 50% o el pastel resultará excesivamente"intenso". Si intentas deshacerlo poniéndolo directamente al fuego tiende a resecarse y quemarse, pero al Baño María (un sistema que aprovecha el calor de vapor del agua hirviendo y evita la"mordida" del fuego), colocando un cazo con agua hirviendo debajo del recipiente que contiene el chocolate y sin que la superficie del agua y la base del otro cazo lleguen a tocarse, se convierte –a salvo– en una pasta líquida homogénea; adquiere un espesor sustancial que le predispone a integrar a otros ingredientes sin problema. Añadirle después grasa (como mantequilla o nata) hace la mezcla aún más brillante y también menos susceptible ante la pérdida de temperatura y entonces, aunque lo apartemos del fuego, el chocolate permanecerá untuoso y no se agrietará.

“Y ojalá que de tu mano

Ahora tenía esperanza, empezaba a creer que las cosas podían mejorar, incluso bastante pero…

aprenda dónde está el amor.

…me resistía a arriesgarme a creer de verdad.

Y acabe esta guerra abierta

¿Cómo se cree en lo que no resulta familiar? Y peor aún: ¿cómo volver a creer en algo invisible cuando todo en cuanto se ha confiado y tenido por cierto ha resultado ser mentira y, tarde o temprano, ha acabado por romperte el corazón? (¡que yo me ocupaba después de reconstruir, como un huevo de Pascua, a base de tabletas de chocolate!).

entre ayer y hoy.

Despistada en la intersección entre la curiosidad con la superstición me intrigaban, por un lado, los buenos resultados de esta práctica tan simple e improvisada pero, por el otro, seguía viendo posibles monjas, curas y seres extraños acechando en las sombras de los árboles de esta selva en la que me veía inmersa, donde –una vez más– los mordiscos de las plantas carnívoras tenían las mismas dentadas que mis antiguas creencias sobre lo que debía de ser una práctica espiritual y cómo me tenía que hacer sentir.

Que ni el peso de la incertidumbre

Y si lo intentaba de verdad ¿qué pinta acabaría teniendo? ¿A quién me ajuntaría? A gente rara, seguro.

ni el vértigo de ser mayor

¿Creer con las tripas me haría verme distinta? ¿Me pondría una aureola alrededor de la cabeza? ¿Me elevaría cinco centímetros por encima del suelo? Yo quería que por lo menos me hiciese inmune a todo, que me protegiese del dolor para siempre… ¿Sería entonces como vivir con truco?

me convenzan de que ya no hay destino

Pero, con diferencia, la mayor dificultad para explorar un posible apoyo en algo más poderoso que yo provenía de lo poco que me gustaban muchas de las prácticas religiosas que había visto a mí alrededor. Ya me había escapado de todo ello una vez ¿por qué tenía que volver ahora sobre mis pasos?

en el corazón."

Por aquel entonces me fui a vivir a una casa que estaba encima de una bombonería. Por el patio y por sorpresa me atacaban unos olores a chocolate de naranja, trufa y guirlache alucinantes que me noqueaban sin esfuerzo.

Bate el puré de castañas con los dos azúcares –el normal y el vainillado– ***hasta que el conjunto esté suave y sin grumos*** (lo que distingue este pastel es que, para su composición, se utiliza puré de castañas en lugar de harina). Revuelve el puré con energía: no te preocupes, se afinará… ¡no te dejes engañar ni convencer por su aspecto inicial!
Después, cuando añadas la vainilla a la mezcla –igual que la buena voluntad en el corazón– comprobarás como, incluso a dosis minúsculas, es capaz de apoyar la sutilidad del aroma del chocolate, de restarle terrosidad. De conmoverlo.

Quizás la fe fuera algo que había que tener de antemano, que no disponer de ella desde un principio haría imposible el acceso a todo "lo espiritual": algo así como intentar hacer un pastel sin sus ingredientes básicos.

"Sin tregua me animas

Y oía hablar de que había un plan, una razón para todo. Y a mí me costaba muchísimo concebir que lo que el Universo me tuviese preparado me fuera a gustar. Lo dudaba enormemente. Temía que sus planes para mí fueran siniestros.

y como puedo yo voy

Y le di mil y un vueltas…Si soltaba y dejaba de controlar ¿dónde iría a parar? ¿Podría retomar el control más tarde?... Además me espantaba la perspectiva de tener que ir a obedecer a lo que ni siquiera vería.

construyendo un puente de estrellas

Una noche caí en la cuenta de que solo imaginar una vida más positiva, sin tantos problemas (cosa que yo definitivamente quería para mí), ya requería importantes dosis de fe. “Lo más terrible se aprende enseguida y lo hermoso nos cuesta la vida” (Silvio Rodríguez).

Si quieres, repasa ahora, mentalmente, las cosas en las que crees a pies juntillas. Quizás encuentres algunas que, vistas de más cerca, no sean tan ciertas como una creía.

Por otro lado se me hizo evidente que, incluso cuando obtenía lo que quería no encontraba entera satisfacción. Igual que le ocurría a Mick Jagger… ¡Por más que lo intentaba! “…and I try and I try, I can get no satisfaction”. “… y lo intento, y lo vuelvo a intentar pero no quedo satisfecho.” (Rolling Stones). Así que incluso cuando controlaba y me llevaba el gato al agua no adquiría el poder que deseaba… ¡Qué interesante!

entre tú y yo.”

Incorpora a esta mezcla, ***el chocolate*** ya enfriado ***y después, añade las yemas*** una a una, ***batiendo*** siempre ***bien la masa*** al agregarlas. Y observa como las yemas destellan amarillo para después desaparecer, dejando tras de sí una mayor consistencia y equilibrio.

Lo mismo que le sucede a la mente: cuando cambias una idea fundamental, de pronto se tiene acceso a una interpretación diferente de la realidad. A veces, incluso parece poder escucharse el susurro de un nuevo mundo. Más tarde, la sensación de descubrimiento se disuelve para apreciarse un reajuste más sutil, más integrado, más cómodo.

"Ya no hay dónde mirar atrás.

A regañadientes tuve que admitir que creer, creer, sí que creía. Sobretodo en cosas negativas.

Los pies en el umbral

También me contaron que dentro de todas nosotras hay una idea primordial de contacto con el invisible pero que, cuando las tragedias, el rencor y el resentimiento nos hacen sentirnos traicionadas, abandonadas o desencantadas tendemos a mandarla a paseo. Tampoco era difícil suponer que los responsables de todos los contratiempos de los que yo había culpado al Universo eran personas concretas que no pasaban precisamente por su mejor momento.

de un último esfuerzo abierto

Refunfuñando pero con ganas de que saliera bien (la verdad, después de todo, los posibles beneficios –si todo lo que contaban de este poder supremo era cierto– eran incalculables), me senté a negociar: "Vale, quizás esté dispuesta a creer si me das esto, si haces que suceda esto otro", confundiéndole aún con el chico de los recados.

a un Universo atento

Antes de nada –y para curarme en salud– redacté un par de cláusulas: no iba a pedir perdón a nadie. Las meteduras de pata serían parte del resultado de mi aprendizaje y las consecuencias de mis errores tampoco serían castigos, simplemente asuntos de los que me haría responsable. Los errores del pasado no contaban, amnistía plena. A medida que fuese avanzando los comprendería… o no.

adonde tú vas;

La segunda estipulación requería de esta fuerza señales, avisos y anuncios. Lo que fuese que quisiese decirme me lo iría poniendo bien claro en la realidad de todos los días. Yo me ocuparía de currármelo y de mantener el contacto abierto, la radio encendida.

una autopista

Este trato me puso en disposición de comprender que tenía que dejar de insistir en hacer las cosas a mi manera, abandonar la escuela de Frank Sinatra y su "My way" y dejar de intentar manejar yo el cotarro.

que te espera para llegar.

"If you're lost you can look and you will find me" "Si estás perdido, puedes buscarme y me encontraras", "Time after time" "Una y otra vez". "If you fall I will catch you: I'll be waiting". "Si te caes, yo te cogeré: estaré esperándote." "Time after time" "Todas las veces que haga falta"… (Cindy Lauper). He comprobado que la actitud de dejarse ayudar es la clave de los cambios más espectaculares y profundos.

Aguarda un poco más, aguarda un poco más:

En cuanto me dispuse a soltar el control empezaron a suceder mil y un casualidades. Destellaban **–como las yemas–** inconfundibles. Hice al Universo responsable de casi todas ellas y me dispuse a incorporar un nuevo aspecto a la práctica: estar todo lo atenta que pudiera.

en ello nos va la vida."

Monta las claras a punto de nieve, ***y mézclalas*** cuidadosamente –y en tres tandas– ***con el puré y el chocolate.*** La misión de las claras montadas siempre es esponjar los pasteles, hacerlos menos densos y los sabores más accesibles, suaves y redondos.

Vierte la preparación en el molde y hornéalo 25 minutos, solamente ***hasta que su centro esté firme***: no esperes a que se endurezca. Verifica su punto de cocción clavando un pincho en el centro del pastel. En cuanto salga limpio estará listo. Una vez fuera del horno ***Déjalo enfriar en el mismo recipiente,*** pero tampoco esperes a que esté totalmente frío para desmoldarlo.

"Callando me explicas

Mi cabezonería me empujó finalmente a aceptar el reto. Y comencé a tratar a esta fuerza con más intimidad: me empecé a dirigir a ella como si fuese alguien cercano y querido, casi como a un nuevo novio ¡A ver si esta vez también el roce hacía el cariño!

y si atiendo me das

Y las condiciones de mi vida innegablemente siguieron cambiando a mejor. Sin prisa ni pausa. Pero lo que más se modificaba era mi disposición, mi actitud, mi manera de interpretar la realidad.

un puente de estrellas

Empecé a notar que tenía más paciencia, que ya no quería ser el centro de atención todo el rato. Que me podía hacer a un lado y ser una más. Que me gustaba contribuir a la vida de otros y que hacerlo me hacía sentir mejor que nunca. También comprobé que dejar de perseguir obstinadamente mi propio interés dinamitaba amorosamente la sensación de soledad.

con que alumbrar

Los trabajos que me encomendaban eran más divertidos y estaban mejor pagados. Me mudé a una casa preciosa en medio de un jardín en el centro de Madrid. Pude empezarme a rodear de gente que me apreciaba y me ayudaba a seguir creciendo. Todas mis relaciones con los demás –incluida Hacienda– mejoraron… ¡Y yo que creía que la fe era esperar y esperar con muy buena intención pero sin que sucediera nada significativo (y hacer como que sí)! Y sin que nadie me hubiera intentado convencer de ello empezaba a sospechar, que si me mantenía conectada, interactuar con el Universo podría dejar en ridículo al más sofisticado artilugio comunicador humano… Pero todo dependía de mí.

el más acá."

Y fui acostumbrándome a la idea de que esta fuerza debía ser, realmente, un caballero o una dama, que no un impaciente vendedor de cuarta. Y parecía respetarme porque no movía ficha antes de que estuviera convencida de soltar –por voluntad propia– lo que fuera a lo que me aferraba. De que cualquier creencia o prejuicio ya se habían convertido más en un estorbo o en un lastre que en un asidero o una ilusión de seguridad. Y que ya me había desecho de mis reservas y estaba preparada para abrirme a aceptar sus propuestas y regalos.

Este pastel se puede servir en lonchas de un dedo de grosor ***o cortarlo en círculos*** con un molde pequeño. En cualquier caso, ***Espolvoréalos con*** un poco de ***cacao*** ayudándote de un pequeño colador y una cuchara ***y adórnalos con un marrón glasé o acompáñalos con un poco de nata.***

Mi pasado empeño en dirigir mi vida me había convertido en un ser frágil y asustado. Renunciar al control me daba permiso para despegar: la realidad se convertía en camino y mapa, en cielo y avión. Y era, precisamente, mi disposición a la entrega la que me lanzaba al vuelo.

Tercera parte
Una rendija de paraíso

el aire

el olfato

el este

la primavera

Capítulo 7
El cuerpo afinado

Veloute de endibias
(Para 6 personas)

Ingredientes:

Curiosidad,
ganas de vivir
y además…

1 kg de endivias,

50 gr. de mantequilla,

100 cc de aceite de oliva,

1 cucharadita de café
de azúcar moreno,

2 litros de caldo de ave,

500 gr. de patatas,

100 gr. de nata para montar,

¼ cuchara de café de nuez moscada,

pimienta y

sal.

"La humildad es la capacidad de valorarse correctamente a sí misma."
(Charles Haddon Spurgeon)

Cuando un instrumento está a tono las notas vibran fácilmente en él. Está entonces preparado para transmitir emoción y experiencia con acierto y espontaneidad. Y su piel, lista y dispuesta para servir de mensajera y cómplice, compañera y amiga.

"Mil y un acordes

Dejo de temer mi cuerpo. Empiezo a apreciar la armonía de su feminidad. No la recelo. Porque ya no pesa. Es difícil ser mujer cuando cuesta tanto sentir. Cuando tus propios sentimientos se ven oscuros e inciertos. Cuando siempre te hacen dudar. Cuando te hacen daño.

latiendo en el pecho

Armonizada, me ubico en un sitio real. En el que es. Y con humildad (que consiste simplemente en mostrarme tal cual soy), aprendo a valorarme: es decir, me adiestro en reconocer –sin engaño– cuáles son mis cualidades y limitaciones.

Esta muselina de endibias tiene un sabor la mar de curioso. Su fondo es misterioso: el amargo de la endibia se mantiene en equilibrio sutil con el azúcar que se añade para compensarlo y la sal del caldo. He elegido esta receta para recordar cómo el dolor permanece en la base del crecimiento convertido en el pilar de la experiencia; transformado en conocimiento. Es el telón de fondo sobre el que una interpreta el presente: la orgullosa madre del artista que –entre bastidores– no pierde de vista a su retoño.

Limpia y pela las endibias y comprueba que no quede tierra entre sus hojas. Si la capa externa está indemne déjala tal cual, pero si está estropeada retírala y elimina todas las hojas necesarias hasta llegar a las que estén limpias y sanas. *Reserva una pieza* entera *y corta las demás en juliana.* No las dejes cortadas mucho rato sin sumergir en agua porque sus bordes se oscurecen y ablandan (un efecto parecido al que tienen las dudas sobre una misma en el ánimo propio).

Ya estoy convencida de que mi cuerpo es el vehículo perfecto para aprender lo que necesito saber, cualquiera que sea su edad. Y para conservarlo en buenas condiciones no hay como observarlo y escucharlo. Como a un violonchelo de excelente calidad, tengo que ocuparme de cambiar sus cuerdas de vez en cuando. No puedo pretender que permanezca atemperado si no le dedico tiempo y atención.

y el cielo pegado a la piel.

Una de las tareas de mantenimiento que no puedo descuidar es verificar que permanecen conectados todos sus dispositivos de alerta y sensibilidad. Y chequear con frecuencia que todos funcionen correctamente. Cerciorarme de que el cuerpo no vuelva a llenarse de dudas y creer, de nuevo, que lo que ve y siente es mentira. Para ello es esencial no adormecerlo con sustancias o conductas anestésicas que disminuyen o eliminan el sonido (y el dolor) del crecimiento. Es importantísimo que esté alerta y bien despierta. Necesito saber cuando estoy descontenta, airada, molesta o irritada. También, cuándo soy feliz. Con él, he aprendido a confiar en que lo que siento es verdadero, que es lo mío.

Y el tiempo parado,

Ni siquiera hace falta que me traslade de lugar. Esta misma ciudad cambia tanto a mis ojos que, sin moverme del sitio, parece que esté continuamente de viaje.

presente pasmado,

Cualquier paraje es adecuado para enclavarse en el presente. Cualquier medio de transporte me devuelve aquí.

se entretiene en mecer

Balanceada al vaivén de nuestro continuo diálogo –aunque a veces aún se oigan tremendas interferencias– me ha dicho que odia que le meta prisa y que le incordie. El se ocupa de traerme al presente y yo trabajo para no tener que volver a darle la razón a Leonard Cohen cuando decía: "A woman watches her body uneasily, as though it were an unreliable ally in the battle for love." "Las mujeres miran sus cuerpos incómodas, como si fuesen aliados que les fueran a traicionar en la batalla del amor." Por lo menos el mío –antes irritado por la desconfianza y la sospecha– ahora me responde con eficacia y naturalidad.

una cometa en una tormenta,

Atendiendo mis propias necesidades y familiarizándome con ellas –y habiéndome ya hartado de esperar a que otros vinieran a salvarme– he comprobado que gran parte de su malestar provenía de que, en el fondo, no creía que fuera a ser escuchado jamás. De ahí los berrinches que de vez en cuando recuerdo cuando –por sorpresa– el cuerpo vuelve a las andadas y se comporta como una cría con pataleta. Entonces, me paro para descubrir qué le

sucede, y con una actitud que combina la paciencia de una amable cuidadora y la perspicacia del Dr.Watson he identificado que mis formas preferidas de llevarme la contraria injustamente son: aislarme, agarrarme al sufrimiento, fingir que todo está bien, no pedir ayuda, ahogar mi creatividad e intentar convencerme de que –en realidad– no merezco obtener lo que necesito, de que sólo es un capricho. Tanto la institutriz como el colega de Sherlock saben –desde hace tiempo– que todas sus triquiñuelas no son más que artimañas del miedo.

dos estaciones y un tren.

Y ambos me recuerdan, una y otra vez, que no me deje convencer por estos sinsentidos. Me animan, continuamente, a encomendárselos al Universo, a pedirle ayuda para que se lleve –con viento fresco– todas mis inseguridades.

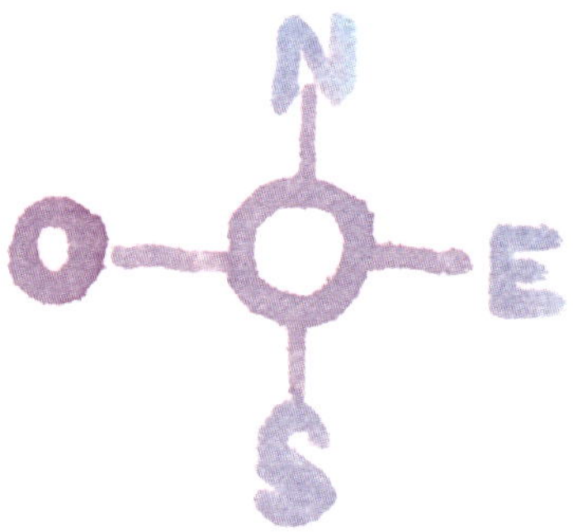

Hábil sostiene todo el tinglado

Usando el valor que he ido aprendiendo, tampoco tengo ya que exponerme inútilmente a situaciones dolorosas o peligrosas. Me puedo apartar: dejarlas pasar. Y así, evitarlas. Antes creía que la audacia y el coraje consistían en enfrentar circunstancias dramáticas y terribles con arrojo y sin pensárselo dos veces (como las todopoderosas –de "mentirijillas"– protagonistas de las películas "de acción"). Por lo contrario, si me cuido y pido ayuda al Universo, me puedo librar de hacer cosas que repetidamente me han herido, frustrado o decepcionado. Es en el no hacerlas donde reside hoy la osadía y el mimo hacia mí misma. Con mucha ayuda y suficiente valor he acabado por aprender que acceder a hacer cosas con las que no estoy de acuerdo –por la razón que sea (generalmente para complacer a otro)– no quiere decir que yo sea buena. Por lo contrario, solo testimonia la falta de aprecio por mí misma

mientras tú y yo

También me puedo arriesgar a querer cosas cada vez mejores: me las puedo dar yo misma y pedirlas también a otros (que no tiene nada que ver con esperar a que me las den –sin decir esta boca es mía– y mosquearme después porque no me escuchan). Por eso, la honestidad sigue siendo imprescindible: me permite serme fiel y confesarme abiertamente dónde estoy, que me gusta y qué me incomoda. Y dejarme bien claro que si actúo en mi contra, me estaré traicionando y –probablemente– también exponiendo a ser manipulada.

viajamos por él."

Y tarde o temprano el cuerpo me pasará factura. El no se anda con rodeos. Siempre va al grano para ayudarme –lo más rápidamente posible– a ser sincera conmigo misma: a leer la realidad a mi favor.

Después, *Pela y limpia las patatas y córtalas* también *en tacos.* Tampoco las dejes cortadas mucho rato porque ellas también se oscurecen y cobran un aspecto desagradable.

Uno de los mayores atractivos de las patatas parece residir en su humildad. Tan sosas ellas y sin apenas olor, no parecen tener pretensión ni planes preconcebidos. Quizás por eso se presten, solícitas, a dejarse cortar, freír, hervir o incluso a hacerse puré. Semejante buena disposición y tal versatilidad las hacen irresistibles.

"Sólo quiero quedarme aquí quieta.

El olfato es el sentido que mejor recuerda. Quizás para permitirnos volver al paraíso desafiando –a menudo– nuestra resistencia a consentir en ser felices.

Sólo quiero estar donde soy

Tal vez el Universo –oliéndose que muchas nos perderíamos– nos dio un sentido con memoria de elefante para asegurarse de que tuviésemos alguna pista, aunque fuese aérea. Y que nos ayudara a orientarnos viésemos o alucinásemos, oyésemos cantos gregorianos o el ululur de las ambulancias, tocásemos el cielo o diésemos con los huesos en tierra, con gusto o sin él. Por narices, todas tendríamos la oportunidad de volver a casa.

la melodía que siempre fue mía

Cada una recorriendo su experiencia personal. Con su olfato. Por un camino intransferible y pleno, a la medida de cada cual: exclusivo y sorprendente

y todo lo que suena es tu voz."

Pon después *la mantequilla* en un puchero *y espera a que se derrita*. *Añade* entonces *las endibias y el azúcar y revuélvelas* bien *hasta que* sus bordes *se hayan vuelto transparentes*. Unos 5 minutos.

"Ese segundo

El presente infinito. El cuerpo ya es capaz de estar sin estar. A la nada se esfuman apariencia y circunstancia. Liviano y suave, ya no siento su peso. Es brisa que me devuelve a ser sólo ojo. Conciencia; latido ingrávido que se respira sin tiempo.

donde todo coincide

Y me obsequia con la oportunidad de aceptar el regalo: este presente que se me ofrece. De admirarlo quieta; de disfrutarlo en acción; de albergarlo en mí.

y lo único que siento es amor.

Mi cuerpo ha ido adquiriendo su sentido principal: hacerse una ventanita desde donde poder contemplar el mundo. Desde donde amar y ser amada.

Sin escenarios

Sin que nadie lo sepa y sin tener que esconderme… Esto de conocerse a una misma es algo muy íntimo…

ni prisas ni horarios,

"Love is free, free is love… "El amor es soberano, la libertad es amor,…" "… Love is living, living love…" "…El amor es vivir, vivir el amor vivo…" (John Lennon).

solo una playa en el sol."

Añade las patatas, revuélvelas y *rocíalo todo con el caldo de ave. Salpimienta* (si utilizas concentrado de ave en vez de caldo natural ten cuidado con el punto de sal, suele llevar alguna incorporada), *agrega la nuez moscada* –que le dará un inconfundible toque de distinción– *y persuade a tu velouté a hervir* suavemente durante *25 minutos.*

"Me encontré en el parque

Las compañeras exploradoras –imprescindibles a lo largo de todo el recorrido– me han enseñado a poner los medios para no repetir errores. Yo sola me sigo llevando al huerto con mucha facilidad. Me vuelvo a criticar despiadadamente por nimiedades. Pero las que me acompañan me advierten. Se alegran conmigo y celebran mis victorias. Me enseñan a no sabotearme. Insisten en que machacarse es darle de nuevo alas al ego enfermo.

con un petirrojo

También me asisten y escuchan mis cuitas cuando les cuento cómo, en mi cuerpo, se sigue disolviendo la memoria de pasados desconciertos. Estas digestiones aparecen en forma de alergias, eczemas, contracturas, etc.… casi siempre de dolencias agudas mediante las cuales el cuerpo parece soltar más lastre. Da la impresión de que utiliza los trastornos como disolventes pero también parece que los emplee como catalizadores de nuevas transformaciones con que lograr afinaciones más exactas. (Dar con la interpretación de los trastornos requiere muchísima imaginación. Las puestas en escena suelen ser espectaculares y las soluciones –como las de los pasatiempos de los periódicos– suelen estar al final de la página y boca abajo).

y nos quedamos mirándonos los dos.

"¿Qué es el infierno? Es la incapacidad de amar, de sentir la unidad con el mundo y todas sus formas."(Dostoievsky)

Si estás atento

El cuerpo quiere seguir el proceso, ahondar en el cambio. Cualquiera diría que ha nacido para ello. Me impresiona su lealtad a la innovación, su disposición a la mudanza.

es fácil que encuentres

Para seguir cambiando también necesito mucha energía. Y es muy importante que aprenda a reconcentrar la que tengo y a no despilfarrarla. Para utilizarla de forma sensata y provechosa es imprescindible que no me líe en guerras inútiles. También puede que necesite alejarme de la compañía bulliciosa de algunas personas y buscar el silencioso caminar de otros exploradores. Hay temporadas en las que ha sido muy importante estar sola. En otras, cambiar de amigos: unos se han ido y otros, después, han llegado. Eso viene sucediendo desde que eché a andar. Las despedidas se hacen muy duras a pesar de ser, tan a menudo, silenciosas.

un mensajero veraz."

De pronto, siento ir a morir una vez más. La transformación da vértigo. Pero siempre, detrás de todo periodo de incertidumbre, si persevero en el cambio (la mayor parte de las veces no hay más que quedarse quieta y dejarse hacer) se abre otra puerta. Sigo adelante y aparece un nuevo comienzo, una nueva comprensión real más misteriosa e insondable proclamada a gritos en mi interior, por el agradecimiento de estar viva. Otro chivato que me dice que voy por buen camino, es la progresiva conformidad a interpretar la parte que me han asignado de esta realidad polifónica. Las pocas ganas que me quedan de decirle al director de la orquesta que no me gusta mi partitura y que, por favor, me la cambie por otra

Pasado este tiempo *Aparta la cacerola del fuego,* –ya habrá tenido suficiente– *añade la nata* y envuélvela bien en la sopa *y* con mucho tiento *ajusta* a tu gusto el punto de *la nuez moscada y la sal.*

Paradójicamente, en la medida en que aprendo a reconocer la realidad tal cual es, a mí misma tal y como soy y a no inventarme a los demás, soy mucho más capaz de soltar las expectativas y los deseos que había inventado para sustituir a los genuinos. Puedo apartar los sucedáneos y buscar lo real.

"Y sólo quiero quedarme aquí quieta.

El tiempo que tarde en realizar el proceso no tiene mayor trascendencia. No soy yo quien lo dicta. Porque el tiempo de que dispongo es un obsequio, no una amenaza..

Sólo quiero estar donde soy

Ver, aceptar, amar y dejarlo marchar…

la melodía que siempre fue mía

Si me hubiesen dado a elegir entre un millar de puertas, jamás hubiese elegido la que me trajo hasta aquí.

y todo lo que suena es tu voz."

Y sin embargo cada vez recorro más a gusto este sendero que me brinda el Universo. Hay días que me puedo confundir con él y entonces parece que el paraíso estuviera aquí mismo, a la vuelta de la esquina.

En el último momento, justo antes de llevarla a la mesa, *Corta finamente la endibia reservada,* espolvoréala sobre la sopa y *sírvela inmediatamente.*

Nuestro cuerpo es el punto del Universo donde lo divino y nosotras coincidimos, la estrella desde la que percibir el cielo en la tierra, el sitio donde –si queremos– nos habita la luz.

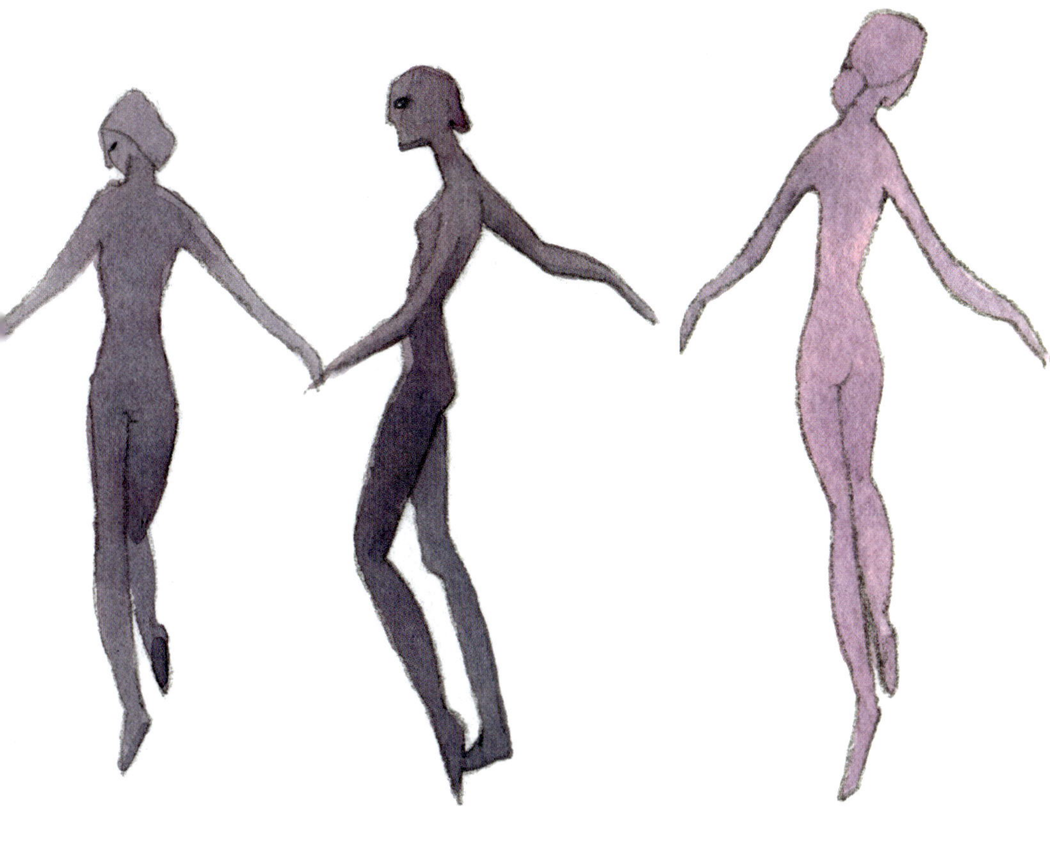

Capítulo 8
El perdón y el olvido

"…Prometo ser ligera como la brisa y decirte al oído secretos que harán brotar tu risa."
(Radio Futura)

Faisanes dorados
(Para 2 personas)

Ingredientes:

Genuino interés por una misma,
un buen puñado de compasión
y además…

1 faisán (de aprox.1 kg) listo para asar,

150 gr. de mantequilla,

1 naranja partida por la mitad,

½ cucharada sopera de pimentón dulce,

unas ramitas frescas de romero,

3 dientes de ajo bien pelados,

un ramito de perejil fresco,

4 lonchas de beicon,

100 gr. de pasas de Corinto,

200 cc de caldo de pollo,

pimienta y

sal.

El coro de vocecillas interiores –a capella– me anima a atreverme una vez más a poner la cabeza patas arriba. Para seguir avanzando. Y aunque me niegue a escucharles (a estas alturas ya sé que de nada sirve resistirse. Pero sigue sin ser fácil… ¿Quién dijo que lo sería?) la tormenta se desata sorda y me hace sentir incómoda durante un tiempo. He aprendido que esta es la señal más utilizada por el Universo para animarme a hacerle hueco a cada nuevo cambio. Cuando ocurre, aún me suelo dar permiso para husmear posibles razones a las que achacar mi incomodidad (una gripe, los nervios quizá…), y doy vueltas y vueltas hasta que me harto, pido sopitas y me pongo a escuchar con más atención. Y solo entonces puedo alcanzar a distinguir las bengalas del Universo, pequeñas coincidencias que destellan en verde y rojo: "Te espero al otro lado… Por aquí… ¡Es hora de mudarse!…Sigue la dirección de la flecha…"

"¿En qué demonios

A base de berrinches y desengaños he aprendido que la mayor parte (todo, diría Buda) de la incomodidad que siento, me lo provoco yo misma agarrándome a cosas, gente, situaciones, ideas o pasadas desventuras, como lo hacía la Justine de Sade. Mi terco aferrarme, solo pretende salvarme de un daño que amenaza desde lo oscuro, inminente y fatal. Ese miedo –que desenmascaro todo lo a menudo que puedo, y que ya sé de memoria que es irreal– se ha puesto tan cachas a base de dejarle que se ocupara –durante años y años– de mi defensa personal que, en ocasiones, no hay quien le convenza de que se apee de la burra, se aparte y deje de obstaculizar el camino. El sigue insistiendo, en mi cabeza, en que nos armemos hasta los dientes contra toda clase de posibles peligros. Como un Rambo de pacotilla me quiere convencer de que él es el único que puede librarme de cualquier ataque.

estaría yo pensando?

Si dejo que este receloso y supuesto guardián me escolte, si le dejo enfrentarse por mí a cualquier dolor y así escaquearme yo de entrar, a pecho descubierto, en mi selva interna, no lograré jamás desmontar la guerrilla y entonces, aunque no quiera, seguiré sufriendo los crueles azotes de los morteros de mi ego parapetados detrás de la ofensa y la traición. Pero si exploro, rastreo y desarticulo los principales focos de conflicto, conecto con mí misma y le hago al machote a un lado, se presentará a mi entera disposición un método rápido e infalible y realmente capaz de desactivar todas las minas anti-persona que aún me obligan a medir las distancias y a andar de puntillas. Ese recurso aproximadamente mágico consiste en disponerse a perdonar.

Calienta el horno a 180º y comprueba que el ave que vas a cocinar esté bien preparada: colócala amablemente delante de ti encima de una tabla y verifica que esté limpia y pelada por fuera y vacía por dentro. Asegúrate de que ha sido liberada de todo lo que ya no necesita.

Y aprendo que puedo soltar todo lo que me hace sufrir, lo que me disgusta en mí y lo que detesto en otros. Que se pueden romper las ataduras que me estancan en el dolor antiguo. Porque el nuevo es casi siempre eco de aquel. Me han dicho que –si quiero– puedo liberarme y que, para ello, sólo necesito elegir soltar y pedirle al Universo que me enseñe a aceptar y perdonar. Es decir, que mi único cometido consiste en prepararme para la misión.

¿Cómo habré tardado tanto

Y en los preparativos enseguida reconozco personas y circunstancias que no creo que quiera largar. Me hacen sentirme segura: a su lado siento que puedo preservar el único yo que –por el momento– creo posible. Me proporcionan una identidad, aunque sea falsa. Si las dejo marchar ¿en quién me convertiré

en reconocer

Otro subterfugio al que recurre mi cabeza para no soltar amarras es que no merezco ser perdonada, que mis errores son inaceptables (y por cierto los de los demás también: que se fastidien, no haberse equivocado…). Compruebo extrañada que mi mente no tiene ninguna gana de independizarse de la culpa y la vergüenza. Lleva tanto tiempo atareada con los papeles de las causas pendientes que teme darles carpetazo. Quizás entonces tenga acceso a alguien que aún teme conocer…mira que si la nueva se niega a ser infeliz…

el dolor que recibí

Y me enmaraño y me lío en mi propia madeja pero mis compañeras me repiten que la decisión de perdonar es unilateral: que solo depende de mí. Y les cuesta un triunfo convencerme, porque me he pasado la vida esperando a que los demás cambiaran y se decidiesen a pensar y a actuar como yo consideraba mejor para todos. Porque mi plan secreto consistía en que cuando los demás accediesen a hacer lo que yo quería, entonces sería yo, cuando –magnánima– les perdonaría "de todo corazón". Pero mis guías me demuestran, con mucho cariño, que este ajuste de cuentas sólo me concierne a mí. A nadie más. Soy yo quien tiene que enmendar mis desaciertos. Juzgar a otros –por lo que se ve– solo le da (¡una vez más!…) alas al ego, atiborrándole de justificaciones insensatas que luego utilizará para que nadie se mueva de donde está.

y el dolor que di?"

(Con gesto de oler a chamusquina). Y también tengo que admitir que a veces disfruto haciéndome sufrir con algunos rencores: son familiares y dan calorcito. Me han servido estupendamente de refugio para quedarme a la sombra, para no ser dichosa (que siempre es mucho más arriesgado que andar lamentándose por ahí…).

Toma una de las dos *medias naranjas, exprime su zumo en la cavidad del ave y después frota* bien toda *su piel* con la pulpa restante. Enseguida *Adereza* generosamente –tanto la cavidad como el exterior del faisán– *con la sal, la pimienta, el romero y el pimentón.* Y el ave se volverá rojiza pero sin vergüenza. *Coloca* después *la otra media naranja en el interior del pájaro junto con los dientes de ajo y el perejil.*

Y cuando me decido a descargar la mochila, la primera sorpresa con la que me doy de bruces es la generosidad de la niña interior (de hecho ahora me entero que se ha pasado la vida mosqueada con el Rambo y que siempre ha sabido lo importante que era que nuestra casa estuviese bien barrida de todo tipo de incordios, incluido el armamento pesado). Y es fascinante ver lo fácilmente que perdona: es mucho más rápida que la adulta. Su inocencia tiene prisa. Quiere tener cuanto antes la certeza de poder responder a cualquier saludo con una sonrisa.

"Pedirte perdón me da

Así que me apremia a remangarme y a poner encima de la mesa todos los sentimientos que suenen a desavenencia interior, fijándome especialmente en los que nos abochornan y asustan. Y me propone que empiece por mis padres ya que en la selva averigüé de su responsabilidad en alguna que otra confusión contumaz. Pero gracias a haber desbrozado ya bien el terreno y reconocido, palmo a palmo, los hechos y sus consecuencias, me puedo preparar para liquidar todo lo que no es amor –por mi parte– que me separaba de ellos. Y cuando digo que sí, que quiero perdonar, el Universo hace su parte y me despliega ante mí misma –en abanico– mostrándome cómo yo misma incurro –sin saberlo– en injusticias primas hermanas de las que les reprocho a ellos.

la oportunidad

También me explica que sus fallos no iban dirigidos a mí personalmente, que sólo eran errores disparados desde sus propios miedos y frustraciones. Y mientras digiero esta nueva información paso un tiempo –largo– descubriendo que mi forma de ver las cosas no es más que una interpretación de cómo me describieron ellos la realidad. Así que busco mi propia partitura, mi versión del mundo. Y empiezo a desvelarme sin ellos. Y les pongo en su sitio. Para finalmente poder comprender –igual que mucha otra gente– que hicieron lo que supieron: me dieron lo que tenían. Ahora lo puedo aceptar, a pesar de que no fuera siempre lo que necesitaba y quería.

de dejar por fin marchar

Superar el tabú que impide plantearse abiertamente la gestión de los propios padres y mirar sin engaño, a la cara, el pasado compartido, supone una tremenda liberación. A mí me ha permitido superar los desniveles que nos colocaban en planos muy diferentes. Tan distantes, que no me permitían entender a los míos. También he comprobado que se da por supuesto que el amor entre padres e hijos siempre existe y lo arregla todo. Pero quizás –lejos de apañárselas sola– esta conexión dulce y nutricia precisa de un ánimo constante y sincero por todas partes. Y además, de un reajuste continuo.

lo que hace tiempo ya se fue

Y entonces puedo decir adiós a todas las cintas y discos rallados. Y a sus soniquetes de reproche y recriminación. Y me despido también de todas las órdenes y exigencias trasnochadas. Les ruego que se marchen. Todas las veces que haga falta. Hasta que me olviden.

y volver a empezar

No estar en paz por dentro con los padres mortifica y agota. Uno de los chollos de ser mayor es poder hacer frente a las hambres propias. Ser capaz de relevar a los padres para responsabilizarse una misma de buscar la forma de atender las necesidades que antes quedaron ansiosas.

desde otro lugar."

Y mi ego pierde dos de sus dianas favoritas. Y yo desalojo –para mejor uso– un piso entero en mi cabeza. Y cuando lo compruebo vacío, abro bien sus ventanas para que entren por ellas nuevos vientos.

Coloca sobre el pecho del faisán aliñado, *la mantequilla* cortada en láminas gruesas y cúbrelo por *encima* con *las lonchas de beicon* bien extendidas. *Ata* entonces *el ave* con hilo de cocina *y transfiérela* boca arriba *a una bandeja de horno. Tápala con papel de aluminio.* Y llévatela al horno donde vas a *Dejarla hacerse* –a cubierto– unos 45 minutos.

"Unida de nuevo

Mi comprensión de la realidad es la que elije dónde estoy en cada momento

al viento del corazón,

En cuanto puedo renunciar a alguna idea inútil, el Universo me traslada automáticamente a otra situación.

me devuelve

A un escena siempre más interesante, que fluye con más soltura.

al abrazo del sol.

Desde dónde poder distinguir mejor las oportunidades que se presentan todos los días.

Como si nunca hubiera desertado.

Y aprovecharlas para aprender.

Como si nunca hubiera errado sin ti."

Y cuando tengas a buen recaudo el faisán *Pon a calentar* en un cazo *el caldo y en cuanto rompa a hervir retíralo del fuego. Sumerge* en él *las pasas y déjalas macerar* los *45 minutos* que esperas al ave.

"Y volver a saberse

Seguí informándome y me enteré de que para perdonar no había que negar el dolor que se había sentido ni los hechos que lo habían causado que, por otra parte, tampoco tenían que ser muy dramáticos (a veces un comentario o una mirada pueden causar estragos). Y también que después de disculparme, nadie me obligaría a reanudar la relación (del tipo que fuera).

en el misterio vivo y pleno

Y me ayudaron a revisar mi fe en la lógica del "perdono pero no olvido" para advertirme que si me obcecaba en recordar la ofensa, lo que estaría haciendo sería invitar al problema a quedarse; comprar más papeletas para cuando rifaran la repetición de la jugada. Encima, tampoco podría comprender lo sucedido desde otro punto de vista porque mi cabezonería me habría convencido de que lo mejor que podía hacer era quedarme sola en mi rincón reconcomiendo mi propia desgracia.

de mirar en tus ojos

Otras cosas muy útiles que me contaron era que cuando tuviera problemas (reales o imaginarios) con alguien podía concentrarme un ratito al día –durante un par de semanas– en desearle lo mejor. Y que cuando ni siquiera este truco funcionara (quizás porque me enfrentaba a lo rotundamente imperdonable) podía probar a pedirle al Universo que perdonara a la persona por mí y que yo solo me ocupara de no avivar el odio y de parar las conversaciones con ella en mi cabeza.

y volverme a ver en ti,

Y me prometieron que en cuanto hubiera hecho acopio de buenas intenciones, el Universo me colocaría delante de las narices a los interfectos. Y así fue. Aparecieron como espejos, por todos lados, como en una cristalería. Llegaron en directo, por el fijo, el móvil e incluso por correo. Y en el mismo paquete del encuentro el Universo incluía un bono canjeable por la fuerza para disculparme. Yo solo tenía que pedirla. Y comprobé que si una está aclarada, el Universo siempre la suministra.

de nuevo,

A base de sorpresas supe que todos y cada uno de lo arrieros con los me he cruzado tenían algo que enseñarme. Y que una vez aprendida la escena, como por arte de birlibirloque –muchas veces– se esfuman. Que el Universo orquesta esta multitudinaria representación para que cada cual estudie su papel. Y que es capaz de repetir las funciones todas las veces que haga falta –con los actores titulares o sus suplentes– hasta que pueda descifrar la moraleja. Hasta que pueda aplaudir a los cómicos y agradecerles su buen oficio, a pesar de lo que haya sufrido improvisando los diálogos. Hasta que me entere de que soy yo quien levanta los muros que me separan del amor de los demás y del mío propio

renovada, restaurada, recobrada, rescatada,

Hasta que me quede con una sola actriz encima de las tablas: la que me representa. Y pueda ver cómo la he odiado. Cómo elegí para ella los personajes más áridos y difíciles, los que peor se me daban, convencida de que eran los únicos que merecía.

satisfecha, resurgida, reparada, mejorada,

Y enfrente el dolor de confesarme responsable de muchos de los agravios que he imputado a otros. Y me proponga ir restituyéndome –con cariño y respeto– lo que yo misma me he robado.

recompuesta, expiada, compensada y refrescada,

Buscando mi propio perdón dejaré de vivir con el enemigo más mezquino y cruel que jamás haya conocido. Y podré olvidar el peso de mi propia historia, que ya no servirá para definirme. Sabré que no soy mis errores, y los podré aceptar como parte del aprendizaje que me ha traído hasta aquí… ¿Quién sabe? puede que hasta llegue a agradecerles su presencia en mi vida algún día...

corregida y aumentada."

Y observo que cuánto mejor me trato, con más aprecio me responden otros ¡Qué casualidad!

Cuando haya pasado el tiempo, *Retira el papel aluminio* que rodea al faisán *y riégalo con el caldo y las pasas.* Y a pecho descubierto, *Déjalo hacerse unos 40 minutos.* (aprox.) o *hasta que al pinchar una de sus patas,* con una aguja, *el jugo que asome sea claro* y no sanguinolento. Y esta vez, acuérdate de *Abrir la puerta del horno de vez en cuando y rociar el ave* –con un cacillo– *con los caldos y las pasas* de la bandeja.

"Y unida de nuevo

"El perdón cae como lluvia suave desde el cielo a la tierra…

al viento del corazón,

…Es dos veces bendito;…

me devuelve

…bendice al que lo da…

al abrazo del sol.

…y al que lo recibe." (William Shakespeare)

Como si nunca hubiera desertado

…"And I will not remember that I even felt the pain." "Y ni siquiera recordaré haber sentido dolor."…

como si nunca hubiera errado sin ti."

"…We shall walk and talk in gardens all misty and wet with rain." "… Pasearemos y charlaremos por jardines vaporosos, empapados de agua de lluvia." "And I will never, never, never grow so old again." "Y nunca, nunca, nunca más volveré a sentirme tan cansada". (Van Morrison)

Libera el faisán del horno. *Desátalo* sin prejuicio *y trínchalo. Recobra* después *los jugos* de cocción *de la bandeja del horno,* viértelos en un cazo *y caliéntalos.* Más tarde, *Escancia* un poco de *salsa sobre la carne* y la restante, viértela en una salsera y sírvela bien candente. *Y ofréceselo inmediatamente* a quien hayas invitado a tu mesa…

El Universo tiene una increíble capacidad de reciclar basura personal. Si le entrego la mía la transformará y me la devolverá restaurada y etérea.
Y mientras esperamos los resultados de nuestras sueltas, la canija me enseña lo que es la serenidad: se acurruca en mis brazos y me recuerda siendo espontánea; me va aclarando, despejando de brumas y nieblas.

...Siempre que perdono el Universo me regala algo. Completa mi plato con una guarnición exquisita: .

Este faisán es delicioso acompañado de Yorkshire puddings... (50grms de harina, 1 huevo, 150ml de leche, ½ cucharada sopera de grasa de cocción, una pizca de sal y moldes especiales. Bate juntos el huevo, la leche y la sal e incorpora –sin dejar de batir– la harina. Antes de rellenar los moldes, introdúcelos –vacíos– en el horno, habiéndoles añadido ½ cucharada sopera de grasa de cocción del faisán. Cuando estén dentro, sube la temperatura a 200º y a los 4 o 5 minutos, cuando esté bien caliente el aceite, extráelos con cuidado, llénalos de masa solo hasta la mitad y devolverlos al horno unos 12-15 minutos, hasta que los pastelitos hayan subido y estén bien dorados).

...rellenos de peras cocidas.
(1 pera conferencia, ¼ cucharada sopera de azúcar, 1cm. cuadrado de raíz de jengibre pelada, 1 cucharada sopera de agua. Pela bien la pera, quítale las pepitas y córtala en seis u ocho gajos longitudinales. Colócala en un cazo junto al jengibre rallado muy fino, el azúcar y el agua y cuécela tapada unos 15 minutos.)

Y adornados con unas hebras de huevo hilado.

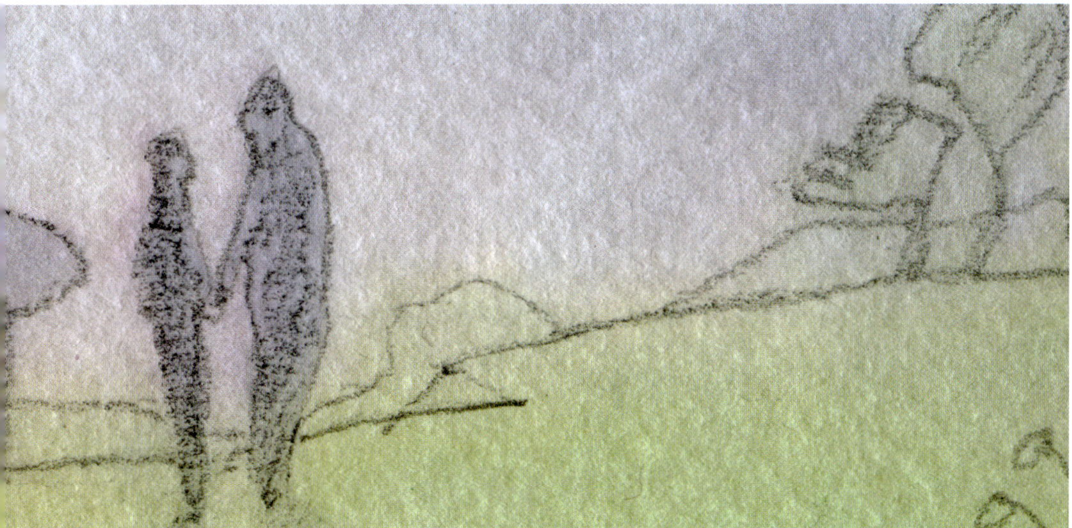

Capítulo 9
La confianza en el plan del Universo

"Lo que está bien abrazado no puede soltarse".
(Lao Tzé)

Dacqoise de avellanas y cerezas
(Para 4 personas)

Ingredientes:

Constancia a raudales,
otra tanta paciencia
y además...

4 claras de huevo,

200 gr. de azúcar,

4 gotas de esencia de vainilla,

1 cucharilla de café con vinagre,

115 gr. de avellanas tostadas y molidas,

150 gr. de picotas,

200 ml de nata para montar muy fría y

azúcar glasé para espolvorear.

2 moldes circulares de 20 cm. y

un poco de mantequilla
para engrasarlos

o 1 bandeja de horno, papel antiadherente

y un poco de mantequilla.

Respira profundamente. Únete a los ingredientes con los que vas a trabajar (verás cómo con la fruta la conexión es especialmente fácil). Y deséales lo mejor. Deséatelo a ti misma también. Hazte consciente del amor que sientes y acomódate en él. Porque ese es ahora tu lugar en el Universo. Una vez ya bien plantada aquí, disponte a cocinar como si te preparases para una fiesta.

Calienta el horno a 140 grados. Y a continuación *Engrasa los moldes y recubre* después *su base con un círculo recortado de papel de horno antiadherente.* Si quieres hacer un pastel mucho más grande (además de multiplicar las cantidades de los ingredientes) puedes confeccionar un molde a medida: recorta un pliego de papel antiadherente del tamaño que precises y pinza cada uno de sus cuatro ángulos con un alfiler. Ten en cuenta que cuando empiece la cocción el merengue se expandirá y que si le das demasiado espacio para extenderse puede que la galleta resulte, al final, excesivamente fina. Por ello asegúrate de que las dimensiones del molde de papel permitan al merengue (crudo) ascender por lo menos un centímetro por la pared de todos y cada uno de los lados. Luego, coloca el molde de papel sobre la propia bandeja de horno antes de llenarlo con las claras batidas.

Hacer merengues requiere una cierta fe… ¿Subirán?... Para arriesgarse al éxito solo es necesario hacer caso a las instrucciones, es decir, seguir a pies juntillas la receta. Siguiendo las indicaciones del Universo también se hace posible aprender a leer la realidad de una forma mucho más interesante. A base de apertura mental, contacto y paciencia, se puede lograr intuir certezas intrépidas y suculentas.

…Así que también se puede ser una exploradora espacial… ¡Lucas Skywalker, espérame!

"Ahora sé que llegaré

Soltando y soltando empecé a notar una ligereza desconocida. Un día, de repente (este tipo de descubrimiento, por lo visto, casi siempre es inesperado), me di cuenta de que me había quedado sin problemas, libre de trabas. Aérea. Etérea. Y me preguntaba: "¿Cómo habré podido ser tan desgraciada en el pasado y estar ahora tan de acuerdo con lo que sucede en mi vida?" "¿Me estaré engañando de nuevo?".

aunque hoy sea noche cerrada,

Lo que era innegable era que la mayor parte del miedo con el que había empezado el recorrido, aquel que pegaba pinchazos en la cabeza y en la boca del estómago, se había esfumado de mi cuerpo. Y que en su lugar, cómodamente instalado en la tripa, se había aposentado –él solito, sin que yo le hubiera dado indicación alguna, ni hubiese sido consciente de su colocación– un dispositivo que parecía dotarme de un sentido suplementario. Algunos lo llaman intuición. Su función –entre otras– consiste en prevenir y confirmar sensaciones y sentimientos. Pero lo mejor de todo es que este terminal me conecta –si le escucho– a una torre de control invisible que aunque esté absolutamente fuera de mi gobierno, curiosamente, me acerca a mí misma y a mis semejantes como no lo he estado jamás.

aunque el trecho se haga largo

Pero, ¿cómo se produjo la instalación del navegador?

Después de mucha cavilación y de otro tanto dolor (parece que estas entregas tampoco son –casi nunca– inocuas), me lancé y le empecé a encomendar al Universo unas pocas cuestiones más o menos espinosas. Empecé por cosas facilitas como encontrar trabajo, evitar encuentros con gente que me ponía nerviosa, pagar las facturas, etc... Y puntualmente, cada vez que –sinceramente– le dejaba entrar en mi vida para que resolviese algo, obtenía un resultado (no a mi ritmo, ni siguiendo "mi criterio". Obtenía un resultado real, concreto y resolutivo. Vamos, que no se lo saltaba un torero).

y no encuentre el porqué

Todo esto con una sensación continua de: "No, si seguro que no funciona. Una cosa

es que exista y todo eso… e incluso hasta pueda que sea cierto que lo mismo me tiene de algún modo en cuenta, pero… ¿Cómo se va a hacer cargo de esto? ¿Y cómo lo va a solucionar? ¡Ahí le quiero ver yo!....Mi mente se quería seguir agarrando a la duda de que algo desconocido e invisible fuera

capaz de encontrar soluciones reales a dificultades concretas. Y además –por si acaso funcionaba– quería saber de antemano cuál sería el mecanismo de actuación. Entonces, no sabía que, precisamente, la fe consiste –en parte– en no entrometerse en el proceso, en no espiar al cómo. Más adelante, y ante la aparición de los primeros resultados palpables, la cabeza cambió de táctica y entonces se puso a insistir en que el Universo debía de tener la deferencia de consultarme gustos y preferencias porque, de alguna manera, estaba obligado a ajustarse a mis exigencias (¿O no era todopoderoso?). Eso, que seguía confundiéndole con unos grandes almacenes.

de estos recodos amargos.

Pero lejos de pedir mi opinión, lo que hizo fue ponerme en la carretera de nuevo, soltarme al aire y empujarme a volar. "Ah, ¿no decías que estabas preparada?" Y empezó a lanzarme lecciones en pleno vuelo (que es donde generalmente se reciben): encontré un trabajo de una forma harto "sospechosa", por una increíble serie de coincidencias… y empecé a enfrentar los problemas cotidianos intentando aplicar lo que había aprendido.

Desde el pelo a los zapatos

Y cuando me sentía contrariada y mosqueada con el jefe y mis compañeros, alguna amiga y unos cuantos familiares (¿O sea que aunque una se ponga a confiar en el Universo tampoco le tratan "especial"?), en medio de todo el lío yo oía –entre asustada y sorprendida– una vocecita por dentro que me sugería que esta vez, en lugar de empecinarme en mi enfado y en salirme con la mía, también podía elegir pararme, mirar a mi alrededor y arriesgarme a creer que todo lo que, por el momento, me fastidiaba era lo más adecuado para mí. Algo canturreaba por dentro como entre dientes "Esto también traerá un bien". Odiaba la cantinela. Pero intentaba no tirar la toalla y esperar a comprobar si era cierto.

estoy harta de esperar

Y empecé a observar que el Universo tiene su propio calendario: una agenda totalmente distinta a la mía. Se parece mucho más a la de un experto jardinero que a la de un histérico ejecutivo que se pasa la vida poniendo parches a los desastres que él mismo crea dejándose guiar por su desasosiego y falta de miras. Este incomprensible (al menos para mí) arreglo de fechas es, a todas luces, inexorable. Es el que siempre acaba por llevarse el gato al agua, por más que una pretenda lo contrario. Así que decidí –por pura practicidad– abrirme a intentar familiarizarme con los golpes de su ritmo.

y sospecho que este viaje no ha hecho

Y chichón a chichón, fui cayendo en la cuenta de que son precisamente los momentos difíciles los más útiles para anclarse al Universo. Cuando la comunicación se vuelve más urgente y no tengo donde agarrarme. A nada que una le abra un poco la puerta, es también cuando resulta más inmediata. Me dijeron que las ocasiones en las que lo estaba pasando fatal eran inmejorables oportunidades para pedir ayuda, para consentir en trabajar en equipo. (A mí me parecían una sarta de masoquistas, pero seguí intentándolo…)

más que empezar."

"Me devora la impaciencia" como a Roque Narvaja en "Santa Lucía" pensaba, mientras me espiaba mil y un veces queriendo que todo se resolviera en mis plazos, en los que mi ego con pataleta se empeñaba en seguir dictándome. Así que contando hasta diez antes de actuar impulsivamente, frenándome antes de arrastrar a una viejecita que no me dejaba paso por la calle y haciendo cosas por el estilo (aparentemente irrelevantes), misteriosamente, comprendí que quizás me había pasado la vida persiguiendo lo que ni quería ni me convenía. Quizás lo mejor para mí era algo muy distinto a lo que siempre había creído… Quizás no hubiera que correr tanto… Y así, sin quererlo, poco a poco, fui dejando de luchar. En algún momento acepté que me haría las cosas mucho más fáciles si me relajaba un poquito…

Bate las claras con una batidora de aspas y en un recipiente lo suficientemente grande para acogerlas una vez montadas (calcula que aumentan por lo menos cuatro o cinco veces su tamaño). Y en cuanto empiecen a tomar aspecto de espuma *y súmales el vinagre.* Siempre sin dejar de batir, *una vez bien esponjadas, añádeles el azúcar* cucharada a cucharada *y* al final *la esencia de vainilla.* Después con una espátula *Envuelve* en ellas *las avellanas molidas.* Como si se comprendiesen tierra y nubes.

"Camino con la estrella

…¿Y si pudiera levantar las manos del volante que dirige mi destino y dejara a alguien mucho más experto y sabio que yo conducir por mí?…

que siempre va conmigo.

¿Y si, al permitírselo, ya no tuviera que creerme más o menos que nadie? Si pudiera comprobar por mí misma lo fácil que es sentir que "Poco o nada cuesta ser uno más" (Antonio Vega) cuando se vislumbra el sitio del recreo de una. ¿Si soltar las riendas me ayudara a comprender que todos tenemos semejantes posibilidades, un camino a nuestra disposición y unos motoristas que nos escoltan en esta travesía día y noche? ¿Y si ya no tuviese que ser responsable de nadie más que de mí misma? ¿Y me pudiese relajar y comprender que todos estamos en buenas manos?

Navego por la estela

"Si uno sabe adoptar frente al destino una actitud de entrega,

de un resplandor.

…encontrará con seguridad la conducción que le corresponde" (I Ching. K'un. Lo Receptivo.)

Guiada por tus rayos,

Y elegir enfocar la vida con una luz que me permita ver que nadie quiere asignarme un viaje solitario y traumático sino más bien ofrecerme una experiencia única y fascinante, de la que puedo disfrutar aquí mismo, en cualquier momento y sin que nadie me lo impida…

en ti confío,

…simplemente ajustando mi monitor a la proyección del Universo, no a la que yo quiera inventarme…

solo dime

…y escuchando las instrucciones que me explican cómo sacarle chispas a este viaje incierto…

por donde se va."

Reparte ecuánimemente *el merengue en los* dos *moldes* y con una espátula, alísalos. *Llévalos* equilibradamente *al horno caliente y déjalos hacerse durante* aprox. *50 minutos.* (¡ojo con la curiosidad! no abras la puerta del horno hasta pasados –por lo menos– los primeros 30 minutos.) o el tiempo necesario *hasta que la superficie de los merengues se haya vuelto dura y crujiente.*

Los merengues parecen nubes que se hubieran solidificado. El horno con calor suave, lento y prolongado los endurece pero sólo en el exterior. Por dentro, el aire preserva intacto el sutil misterio de la subida.

"¡Con el tiempo

Todas las soluciones fueron llegando. Y por ahora, han adquirido la costumbre de aterrizar –tarde o temprano– frente a mi puerta. Viéndole resolver mi vida, he comprobando que las soluciones por las que apuesta el Universo casi siempre son las más sencillas, las más ingeniosas y por lo general, también las más baratas. Una acompasada y perfecta puntualidad suele delatar su autoría. Y no se si lo hará para fardar pero a veces es muy capaz de resolver un problema y que esa solución, en tanto que llega, beneficie a su paso, y de rebote a más de uno. La cantidad de veces que lo he visto suceder me hace sospechar que mi bien y el de los demás o es lo mismo o anda muy cerca.

que tardé en descubrir

Así que poco a poco, comprobada su eficacia, me he ido atreviendo a endilgarle –una a una– cuestiones mucho más complicadas. Esas que yo ya me he demostrado sobradamente incapaz de atajar. Y es curioso que apenas ninguna sea material. Son los ¡No me puedo creer que aún sigas aquí!: Ideas, miedos, sentimientos atravesados, dificultades, inseguridades, comportamientos agrios y crudos que me resultan imposibles de resolver.

que el dolor se pasaba!

Cuando me rondan de nuevo o choco contra alguno de ellos, mi única tarea ya sólo consiste en identificarlos y pedir sopitas. Y seguir haciendo lo que me van poniendo delante. Y seguir atenta. Y tener paciencia sabiendo que no estoy sola, que no soy yo quien tiene la mejor solución. Que solo soy una currita, una aficionada, que solo tiene que poner la presencia –todo lo asustada que esté– y contactar con lo útil, la facilidad y el agradecimiento.

Y que el mayor tesoro era el amor

¿Cómo puede ser tan simple?

en tus ojos en llamas.

"El viaje espiritual no consiste en llegar a nuevos destinos donde la persona gane lo que no tenía o se vuelva lo que no era. Consiste en disipar la ignorancia sobre uno mismo y sobre la vida." (Aldous Huxley)

Perderme en tu ternura

Con certitud sospechada, confiar en el Universo me ayuda a comprender que lo que suceda, a la larga –sea lo que sea– será lo mejor para todos.

y volverme a encontrar

Sobretodo en los momentos en los que lo que tengo enfrente de las narices son unos nubarrones tremendos.

sonriéndole a la luna gitana

Contar con su ayuda le da a mi corazón la oportunidad de poder concebir que el Universo lo que más quiere –sin medida de amor, respeto y medios– es que sea feliz y que disfrute saludablemente de todo lo que me va dando. Por eso está tan dispuesto a dispensarme toda la ayuda necesaria. ¡Para que lo logre!

en el Arenal."

Una vez sólidos, *Extráelos de los moldes* pero no los despegues todavía del papel. Antes, déjalos enfriar sobre una rejilla de alambre.Y *Cuando ya estén tibios* (tampoco completamente fríos porque entonces se aferrarán al envoltorio) *arráncalos con cuidado.*

Del mismo modo que, pacientemente y con ayuda constante, una puede desapegarse de la duda y la inseguridad.

...¿Así que en este trayecto se empieza de nuevo todo el rato?

"Camino con la estrella

A mí me dijeron que mientras tuviera tiempo, podía enderezar mi vida todas las veces que hiciera falta. Podía incluso empezar de nuevo el mismo día (si alguno quizás se empeñaba en irse a por uvas) todas las veces que quisiera (a distintas horas, claro). Oírlo, me ayudó a dejar de temer los errores y las encrucijadas.

que siempre va conmigo.

A nada que se mire alrededor es fácil ver la manía que tiene el Universo de renovarse sin parar. Quizás sea por ello por lo que haya que reanudar el contacto consciente con él todos los días. Volver a abrir la comunicación cada mañana como si lo que se hubiera hecho el día anterior para mantenerla viva no contara. Y el esfuerzo tiene que ser mío porque siempre resulto ser yo la que se desconecta. Lo hago cada vez que tengo miedo, dudo, me resisto –de algún modo– al cambio, me lleno de ideas frustrantes o no acepto la realidad. La línea siempre está abierta por su parte. Es mi extremo del cable el que suele fallar.

Monta la nata, previamente enfriada en el frigorífico (las aspas del robot que vayas a usar también puedes dejarlas un buenrato en el congelador antes de utilizarlas) y cuando haya subido y sin dejar de batir *endulzándola con una generosa cucharada de azúcar.* Finalmente *Añade también las cerezas deshuesadas y partidas por la mitad* (si quieres sustituirlas por la misma proporción de frambuesas o fresas tendrás un pastel igualmente delicioso).

Navego por la estela

Así que puedo darle mil y un vueltas pero la única manera de aprender a confiar en el Universo es confiando en él. Arriesgándome a la interactividad. Haciendo mi parte y esperando a ver a qué órbita me lanza…

de un resplandor.

…Con qué me ilumina… Y lejos de cegarme con su luz, en la medida que me atreva a irme acercando, me muestra nuevas rutas, me da nuevas ideas: expande mi comprensión de la realidad.

Guiada por tus rayos

El único inconveniente de esta claridad es que –tarde o temprano– se empeña en mostrarme más sombras de mi ego; pone de manifiesto sus retorcidos motivos y me anima a renunciar a algunos de ellos… Y claudicar siempre duele, aunque después, siempre dé espacio a unas posibilidades a las que antes no tenía acceso. Saberlo de antemano me ayuda a obcecarme menos, a rendirme sin tanto esfuerzo.

en ti confío,

A volverme más flexible y tranquila, a dejarme llevar con más facilidad.

solo dime

En parte, porque las pistas que me da… me van haciendo su cómplice.

por donde se va."

Para componer el pastel: *Coloca uno de los merengues de base, encima dispón la nata con la fruta y corónalo* con cuidado *con el otro merengue. Y* por último, *espolvoréalo* con la ayuda de un colador y una cucharilla *con azúcar glasé.*

Si has construido el molde y, por tanto, tienes una sola capa de galleta: córtala por la mitad con un cuchillo de pan y ensambla las partes de igual manera.

A veces el Universo, en su afán por que siga creciendo, me aúpa en el aire y me deja intuir más lejos. Otras, cuando no tengo tanta suerte, me ayuda a conformarme con saber que por encima de las nubes, siempre brilla el sol.

Cuarta parte
La vuelta al mundo

el fuego

el tacto

el sur

el verano

Capítulo 10
El viaje continúa

"Creo que si miráramos siempre al cielo acabaríamos por tener alas."
(Gustave Flaubert)

Lentejas viajeras
(Para 4 personas)

Ingredientes:

Curiosidad,
sentido del humor
y además...

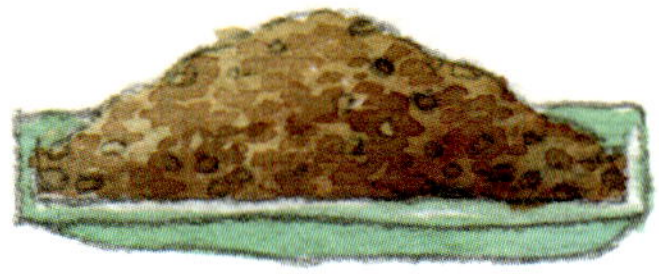

300 gr. de lentejas,

10cl de aceite de oliva,

2 cebolletas,

1 calabacín pequeño,

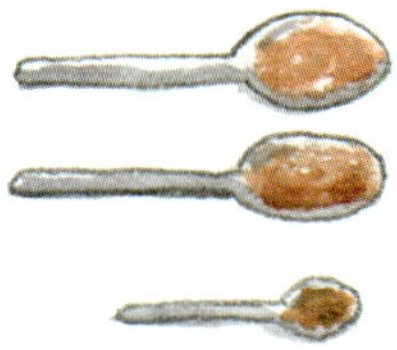

2 puerros,

1 zanahoria,

7 espárragos verdes,

1-2 cucharadas soperas rasas de curry,

1 cucharilla de café de jengibre en polvo,

100 gr. de pasas de Corinto,

1¾ l. de caldo de vegetal,

pimienta negra recién molida y
sal (a poder ser rosa del Himalaya).

... Esta receta es muy sencilla (lo mismo que tiende a ocurrirle a la vida cuando se vive un poco conectada)... Pero no porque las cosas sean simples haya que dejar de prestarles atención. Antes de nada, examina las lentejas y cerciórate que no tienen ninguna piedrita (recuerda que para llegar lejos y andar cómoda es importante quitarse todo tipo de chinas de los zapatos). Después, pela las verduras y córtalas todo lo finas que quieras.

Pon el aceite a calentar en un puchero *y* antes de que empiece a echar humo *añádele las cebolletas* picadas.

¡Uy!,... ¡esto me suena familiar!... Juraría que he estado aquí antes, hace tiempo... Pero entonces tenía otra cabeza... Ahora lo veo todo diferente...

"He cambiado lluvia ácida

A base de no apartarme del fuego mientras cocinaba, de no desatenderlo, echarle esmero y aprender a tener paciencia –y sin ser tan consciente como yo hubiera jurado necesario–, me doy cuenta de que me he ido preparando... ¿Para qué? No tengo ni idea. Solo sé que –¡otra sorpresa!– tampoco me preocupa ya demasiado.

por lágrimas serenas,

Lo único que tengo claro es que quiero seguir adelante ¡Eso es! Me he ido acostumbrado al hecho de que el cambio es constante e imprescindible. Que es la mudanza lo que rige este –continuamente remozado– recorrido. (¡Con lo que me resistía yo al principio!). También he ido comprobando que lo que duele, lo que siempre resulta un incordio, no son los cambios en sí sino mi resistencia a ellos. Ahora entiendo porqué, para optar a una vida nueva, tenía que atravesar las órbitas del sufrimiento que el mismo ego había fabricado. Eran, precisamente, todas esas protecciones al amor las que me impedían el paso a esta dimensión: la de las infinitas posibilidades abiertas, la de la libertad.... Y casi, mucho mejor que nadie me dijera –al comienzo de este viaje– que los peajes tendría que pagarlos en especies: con revoluciones internas, dolor, valor y entrega... Si lo sé, ¡lo mismo ni empiezo!

la tierra en los ojos

Para llegar aquí también era necesario acumular energía. Mucha: todo un depósito de un cohete a propulsión. De ahí que esos tiempos en los que, en vez de hacer más descubrimientos o ensayar las innovaciones que se me ofrecían, tenía que estar casi de brazos cruzados, esperando; que las épocas de calma chicha en las que se hace acopio de fuerza resulten –a veces– tan decepcionantes. Y sin embargo, es en estos periodos sin grandes novedades cuando más vital es persistir en aquello que nos ha llevado a iniciar el cambio. Y en la acción correcta. Porque casi siempre es la perseverancia en la voluntad de transformarse lo que posibilita los saltos, los futuros traslados aún insospechados.

por amistad,

También necesitaba abandonar la sospecha y el rechazo hacia mí misma. Que lograra convertirme en mí mejor amiga y compañera; en mi fiel aliada. Porque solo pudiendo sentir el amor hacia mí misma y sabiéndome dispuesta a defenderme de quien haga falta podré –más tarde– apreciar el cariño de los otros y seguir aventurándome con confianza (y ganando un precioso tiempo) en lo que se me proponga. Además, solo desde el respeto y la lealtad hacia mí misma puedo hacerle de plataforma al Universo. Si, por lo contrario, continuara manteniendo una guerra civil por dentro, resultaría una base de operaciones desastrosa en donde solo podrían llevarse a cabo carnicerías insensatas y chapuceras.

y un viento peregrino

Sin embargo, al ir sustituyendo la atención y el mimo –que antes pretendía que otros me dieran– por mi esfuerzo en reconocer y atender (con la ayuda del Universo) mis propias necesidades, sin pretenderlo, he cambiado de sistema de inversión energética. La nueva estrategia sigue sugiriéndome que me deshaga de prejuicios y trabas aún más profundas e insidiosas. Pero, a cambio, también me va permitiendo adquirir –paulatinamente– una mejor disposición. Me hace más dúctil, más capaz de proseguir el viaje... Y además, habiendo comprobado ya cómo se ocupa el Universo de todo cuanto me concierne, seguir adelante con su plan, más que fe ya es pura practicidad: menos trabajo y más diversión… ¡y muchas otras ventajas más!…

por una voz cercana

Poco a poco, también han ido despabilado los deseos más profundos del corazón. Esos que siempre estuvieron ahí y que, limpieza tras limpieza, se niegan a dejarse arrinconar. Al contrario: cada vez brillan más. Empiezan a soltarse la melena y me invitan a arriesgarme a sacarlos a la luz. Sus vocecillas susurran tomándome el pelo: "¿De quién ha sido esta idea tan buena: …tuya o mía?".

que me invita

Comprender que las manifestaciones de los cambios interiores aparecen en el exterior cuando el Universo quiere o decide que ya es hora, me sigue convenciendo (…por si no lo estaba suficientemente) de que no soy yo quien dirige mi progreso. Tengo que seguir quitando las manos del volante… por muy tentada que me sienta a volver a dirigir mi vida (… ¡Justo ahora que la han hecho muchísimo más transitable! ¡Vaya morro que tiene el ego!).

y me llama

Y siento como si saliera de una cueva en donde, reconcentrando la atención y trabajando duro, he recibido el tratamiento adecuado para mis cables pelados. Y ahora salgo de nuevo a la superficie. En el retiro, la ausencia de compañía humana –a rachas– se hacía muy cuesta arriba. Sin embargo toda la soledad era necesaria para darme tiempo a sumergirme en un mundo subterráneo y dejarme rescatar de las zarpas de mis monstruos favoritos.

También la mente ha recibido un entrenamiento riguroso. Se ha habituado a sus propias dificultades y encerronas. Habiendo caído en sus trampas tantas veces ha aprendido a conocerlas. Sabe cómo funcionan. Se ha hecho ducha en rodearlas y evitarlas, aunque aún le sigan pasmando en momentos desconcertantes.

a salir de excursión:"

Y de pronto, tocan una campanita y la cueva queda atrás. Una vez más, no he sido yo quien dicta el orden de las paradas del autobús. Solo intuyo que he debido de aprobar curso… Porque he pasado pantalla…

Revuelve las cebolletas picadas durante ***5 minutos*** hasta que se rehoguen un poco. A continuación, *Vete agregando* –a medida que las vayas cortando en pedazos– *el resto de las verduras,* dándoles vueltas con una cuchara de madera.

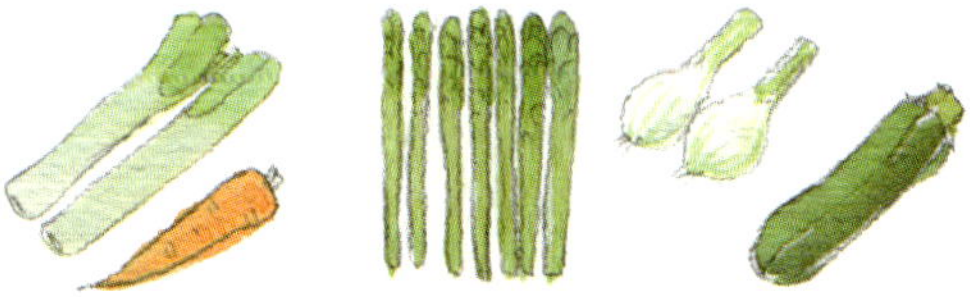

Las verduras que aparecen en la lista de ingredientes son solo unas pocas de las muchísimas posibilidades que tienes. Puedes componer el guiso con todas las que pilles por ahí; sólo procura que sean de varios tipos diferentes y que a ti te gusten.

"A ver el mundo amable,

Empiezo a ver que, en los trabajos a los que me incorporo, mi tarea parece ser más útil a otros. Ya no consiste sólo en ganarse la vida. Es como si me estuviera integrando, mezclando mucho mejor con los demás. A veces le he pillado al Universo dándome empleos en los que lo más importante era hacerle llegar algo a alguien. Le he sorprendido disfrazándome de control de una prueba de atletismo…

y a andar por los caminos,

… donde todo lo que tenía que hacer era animar a alguno que pasaba por allí. En cuanto mi ego se daba cuenta –al principio– se quedaba hecho polvo: ":.. Así que a mí me han dejado de lado. No soy importante. Pobrecito de mí"… Pero pronto oía al corazón saltar, nutrido y feliz: "¡Eso era lo que el Universo quería de mí, que le diese esperanza a esta, que le contase a la otra como había salido yo del lío en el que está ella metida ahora y de paso, que aprendiese algo que probablemente necesitaré más adelante…! ¡Y encima nos pagan! ¡Ahí va!: ¡El toma y daca cósmico!

Contribuir a la vida de alguien, en la medida que sea, siempre reporta unas rentas muy sustanciosas. Aún más: si se consiguen evitar las motivaciones retorcidas (buscar aprobación u otros intereses varios y diversos), ponerse a ayudar a otro (más o menos, a cualquiera) resulta una terapia extraordinaria para cuando el ego te coge por el cuello y no te deja ni respirar.

y a coincidir contigo,

Cuando, hace años, decidí dejar de estudiar medicina y dedicarme a cantar no tenía ni idea qué tipo de trabajo estaba eligiendo. Con diferencia, lo más pesaroso no fue la dificultad inicial ni que, después, los frutos de todo el esfuerzo fueran tan pequeños (según el mundo). Lo peor fue vivir –desde dentro– cómo mis buenas intenciones iniciales: "I only wanted to sing my song well, so I could ring a small bell in your heart". "Yo solo quería cantar mi canción bien para hacer sonar una campanilla en tu corazón" (Cat Stevens)... se fueron desvirtuando y cargando de impaciencia, frustración y otras cosas mucho más pejigueras aún.

si te parece bien,

Los malos tiempos para la lírica me enfrentaron a mí misma con el rigor y la crudeza que –en mi caso– creo que ninguna otra disciplina hubiera podido reunir. Desconcertada, empecé a tratar a la música que practicaba igual que a mi cuerpo: en vez de utilizarla para avanzar, la usé para huir, para salir de mí y crearme la ilusión de que aquel mundo que inventaba delante del piano podía llegar a ser cierto. Mañana. Las canciones que concretaba ,en lugar de conectarme y enseñarme, se fueron convirtiendo en un confuso laberinto, en un potro de tortura que me descabalgaba con furia una y otra vez. Pero a base de perseverancia y honestidad pude ver que el problema –también en esta clave– era solo mío. Queriendo obtener obcecadamente lo que creía que me correspondía (el amor, el respeto, la admiración, el dinero y sobretodo el cariño que no obtenía por otros medios ¡Horror! ¡No soy nada original!), había otorgado a otros el poder de decidir por mí. Y permití que sus opiniones me trataran como un padre disfuncional que me rechazaba porque no era como él quería. Y yo lo traducía interpretando que lo que componía no tenía ningún valor..., y por ende, yo tampoco valía nada.

Así fue como desbaraté mi talento: de mi habitación favorita, revolví los temas que escribía (y también muchos de los que oía de otros) hasta convertirlos en la cárcel de mis entretelas.

para volver unidos,

Pero el Universo me dio otra oportunidad para que comprobara (y enmendara) mis errores. Me puso un nuevo mapa delante: esta vez enseñaría canto. Y me dio también unos pocos bolos pero se ocupó muy mucho de que esta vez comprendiera para lo que servían. Así que me puso de compañero artístico a un guitarrista muy alto que tiene las ideas muy claras sobre lo importante que es abrir el corazón y dejar que de él salgan –en notas musicales– los sentimientos verdaderos. Y él me recordó –a base de riffs y cadencias preciosas– lo vital que es, para un artista, conectarse y practicar su arte. Y me convenció, kilómetro a kilómetro de lo bueno, para que yo solita, aprendiera a distinguir cuándo convertía las canciones en trampa –y les dejaba aturdirme de nostalgia y autocompasión– y cuando les permitía hacer sonar las campanas de nuevo.

como fue al principio,

Y volví a escribir y a cantar sin pretender que sucediera nada afuera: como una manera de trabajar por dentro. Me animé a volver a subir a la azotea para ver si pillaba alguna onda. Y a sentarme con el piano a hacerle cosquillas a la inspiración. Y a nutrirme. Y a regalar a otros…

y juntos

Y acepté algunos trabajos que antes hubiera rechazado de pleno para verificar que si los abordaba como excusa para ofrecer a otros lo mejor que tengo, todos resultaban ciertamente instructivos. (…Sabía que ya había cumplido cuando me los sustituían por otros).

disfrutar

Así que espero no volver a olvidar que la música –a mí– me sirve para llevar cuerpo y mente a sitios sutiles donde poder comprender intuiciones fascinantes. Que ella siempre está preparada para proporcionarme un delicioso vehículo de conocimiento y gozo. Y que la que cada uno haga, mientras le conecte, no tiene porqué gustarle a nadie más. Que buscar la apreciación –por más tentador que resulte– no es la misión del artista.

de un mundo amable."

Cuando tengas ya todas las verduras juntas y bien revueltas, *Incorpora las lentejas*. Después de darles varias vueltas, *añade el curry y el jengibre en polvo y* sigue *mezclándolo* todo *durante* otros *dos o tres minutos*. Y entonces, *Riégalo con un litro del caldo de verduras y déjalo hacerse* a fuego lento *durante media hora* comprobando con frecuencia que no se queden sin caldo. Si es necesario vete añadiéndole más a medida que vaya siendo absorbido por las lentejas.

"Es fácil prestar oídos

Y en todo este tiempo de maduración y aprendizaje de pronto caigo en la cuenta de que el tiempo ha pasado y de que mi cuerpo lleva ya rato notándolo. Y lo primero que siento es tristeza y un poco de traición… "¡No hay derecho!", dice el villano. ¡Que se creía él que le iban a mantener en un cuerpo lozano para siempre!

a los que predican la desgracia.

Como al miedo le encanta hacerse la víctima, por unos momentos, parece haber encontrado un nuevo motivo para quejarse y sentirse desgraciado…

Aún más fácil dejarse embaucar

Pero pronto la parte lista toma el relevo y nos recuerda, a todas, que el hacer los deberes nos ha proporcionado ya una cierta disposición a aceptar el reto de la madurez.

en otra cruzada más.

Y que cuando una se alía de verdad con su cuerpo, tarde o temprano, se da cuenta de que es mucho más sabio de lo que jamás imaginó.

Pero lo más fácil de todo

Y que es el compañero perfecto para este viaje y que, por supuesto, le sigo debiendo mi mayor respeto y cariño.

es dejarse distraer

Además, otra de las recompensas que he recibido en el sendero es que ya no me da tanto miedo la muerte. Solo es un pasajero más del autobús.

y olvidarse de encender

"Nature found a way; it picked me up off the dark side, yeah, yeah." "La vida encontró la manera de rescatarme de la parte oscura. Sí, si." "Showed me another day, it made me sing "I think I see the light"". "Me concedió un nuevo día. Me hizo cantar "Creo que veo la luz" (Cat Stevens).

la luz con la que ver"

Añade entonces ***las pasas*** y más agua si fuera necesario –dependiendo de lo caldosas que estén las lentejas– ***y déjalas hacerse media hora*** asegurándote de que no le cojan afición al fondo del cacharro. Al cabo de estos treinta minutos las pasas habrán engordado y se confundirán fácilmente entre la legumbre. ***Rectifica*** entonces ***el punto de la sal y añade*** también ***la pimienta.*** Casi todas las variedades de lentejas se habrán hecho para entonces pero si las tuyas no están aún listas, concédeles, pacientemente y sin discusión alguna, todo el que necesiten.

Me pongo a viajar para ver si consigo dejarme llevar –también– en otros parajes.

"El mundo amable,

Recordando que la voluntad del Universo nunca me conducirá allí donde no me pueda proteger.

y alumbrar el camino

El grado de comodidad con el que viajo depende –completamente– de mi aceptación de lo que ocurre y de lo rápidamente que rectifique mis errores. Procuro no dejar para mañana lo que pueda enmendar hoy. Y examino y asumo la responsabilidad de cualquier asunto que me desasosiegue (teniendo cuidado con no apechugar con mochuelos ajenos).

y compartirlo conmigo,

Y pido consejo a otra exploradora o al Universo cuando me siento intranquila, sabiendo que siempre que hay algo que no funciona bien tengo que mirar hacia dentro, no hacia fuera. Enfrentar –y cambiar o aceptar– lo que me voy encontrando es lo que me permite seguir manteniendo el rumbo.

si te parece bien,

Me encantan las señales. Siempre me han intrigado. Parecen ser la trama del mundo, los hilos de una realidad fuera del tiempo, el mapa invisible de esta aventura misteriosa.

para volver unidos

Dos pasos adelante y uno hacia atrás parece ser el ritmo del progreso si cambio y permanezco cambiada.

como fue al principio,

Y, de vez en cuando, sigo teniendo que atreverme a volver al Polo Norte y –bien abrigada– mirar fríamente lo que intuyo. Y siento. Y lo dejo llegar: abrazo los sentimientos que me traen y pregunto por su significado. Y la solución llega –como siempre– cuando le da la gana.

y juntos

En los paseos largos las ideas y los sentimientos se airean. Además, el silencio, el cielo, los árboles y los pájaros son unos mensajeros sensacionales.

disfrutar

Y puedo volver a ocupar mi espacio, aquel que permití a otros usurpar. A base de respetarlo y explorarlo me he ido apropiando de él. También empiezo a sentir que puedo abrirlo a otros, que ya no me harán daño y que si me hieren, podré sanar con facilidad.

de un mundo amable."

No sé vosotras, pero yo ya no quiero volver atrás y sé que tumbarme en los laureles –tarde o temprano– me haría retroceder. Por ello, cada cierto tiempo, me abro a recibir una carpeta nueva y estudio –mientras acabo de hacer las maletas– la próxima ruta que me proponen.

Estas lentejas se pueden acompañar de una ensalada de tomate, pepino y menta. ***Sírvelas muy calientes*** y en cuencos abiertos. Si invitas a alguien a comer le ayudarás a entrar en calor (¡si te has pasado con el curry puede que hasta le arda la lengua!)...

Y de pronto me doy cuenta de que ya le he dado permiso al Universo para que en mi viaje, pueda suceder cualquier cosa.

Capítulo 11
El Universo, el amor y los demás

"Treinta gramos de acción equivalen a una tonelada de teoría."
(Friedrich Engels)

Curry de Bonito
(Para 4 personas)

Ingredientes:

Ganas de compartir la vida
y además...

350 gr. de atún fresco cortado en tacos,

½ taza de harina,

100 cc de aceite,

1 nuez de raíz de jengibre,

2 cebolletas,

3 dientes de ajo,

3 cucharillas de café de curry en polvo,

½ l. de caldo de pescado, salado con

1 cucharilla rasa de sal.

½ mango cortado en tacos,

1 cucharada sopera de nata líquida,

200 gr. de arroz Basmati,

2 cucharadas soperas de pasas sultanas,

2 tomates de ensalada pelados y cortados en tacos,

1 cucharada sopera de coco rallado y

1 guindilla verde cortada en tiras.

Para poder recibir y aceptar amor "de fuera" tiene que haber ya algo de amor dentro de mí. El lugar donde se acoge el amor, en el que se ratifica la transferencia a mi favor, no puede estar vacío porque si lo está me resultará imposible identificar el que me ofrezcan, y lejos de darle el visto bueno (aunque esté piando por cariño y afecto) lo rechazaré y me esmeraré por encontrarle defectos a cualquier ofrecimiento de apoyo o simpatía genuina que toque a mi puerta. De hecho, nadie me puede dar amor, sólo iluminar el que ya reside en mí.

"¿Será cierto

Así que si no se tiene una buena referencia de amor (si no recuerdo la que traía de fábrica o la he perdido por el camino) la manera más rápida de llenar el hueco y prepararse para el festín es buscar el amor del Universo y permitirle que sea él quien empiece a llenar mi depósito.

que después de tantas dudas...?

En el momento que más rabia me dé, le puedo pedir por el morro: "¿Me dejas sentir tu amor?" "Me abrazas, por favor...". Este método le sirve a cualquiera que lo intente de veras. Es verdad que ayuda tener ya una cierta complicidad con él. Pero también he escuchado a espontáneas ensayarlo de nuevas y contar después haberse sentido súbitamente arropadas.

En una sartén y con el aceite bien caliente *Sofríe ligeramente los tacos de atún* previamente rebozados en harina y sazonados con sal. Pon mucha atención: *sólo tienen que dorarse por fuera*, tardarán en llegar a este punto apenas 90 segundos. Lo más conveniente es que queden crudos en el centro, porque si los fríes más, al final, el pescado quedará excesivamente seco. *Rescátalos* con una espumadera *y resérvalos en un plato.*

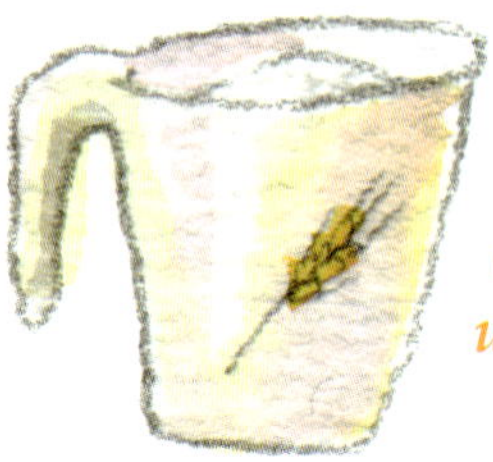

¿Será posible

Precisamente, lo que más me ha sacado de la carretera (y de quicio) una y otra vez ha sido pretender buscar el apoyo –que sólo el Universo y yo misma podíamos prestarme– en otras personas.

que haya atravesado el mar.

He tardado mucho tiempo en ir descubriendo las claves de estos enredos. Y para poder mirar las cosas desde este otro lado, primero tuve que aprender a identificar lo que no es amor, dejar de depender emocionalmente de otros ("¿Yo?, ¡...Pero si soy muy independiente!") y renunciar a manipular a los demás y a sus circunstancias de las mil y una astutas maneras (imperceptibles al ojo poco entrenado) en las que el hambre emocional me había –hábilmente– instruido. También averigüé que mis formas favoritas de forzar resultados eran "ser buena" y "ayudar". Y tuve que ir desmontándolas poco a poco para poder ir aceptando que como mártir era una desgraciada y que –encima– no hacía ningún favor a nadie: sólo conseguía esconderme de la vida en un sufrimiento que yo misma inventaba para no arriesgarme a ser feliz y a disfrutar de mi suerte (¡Qué fuerte!). Por lo que, para no tener la tentación de volver a las andadas, decidí asimismo abandonar los círculos en los que las sufridoras aún gozan de buena prensa.

Y que soy testigo,

Sin ningún tipo de miramiento, otras exploradoras me han demostrado cientos de veces que –por más que me empeñe en lo contrario– nunca podré precipitar los cambios en nadie: que no tengo el manual de instrucciones para las vidas de otros. Que las sugerencias que recibo del Universo son para mí, para nadie más y que a cada cual le tocan las suyas. Que la confianza en el plan del Universo también incluye creer que todo el mundo tiene su propio arreglo con el Jefe, que es el único que se ocupa de cuidar y proteger a todos. Por lo que erigirme yo en "guardiana mayor" interfiere en mi propia conexión porque me coloca en un sitio de mandamás que no me corresponde y me asigna el derecho (incluso "el deber", si me pongo lo suficientemente chula) de dispensar justicia y cuidados a tutiplén que solo desordenan y obstaculizan el desarrollo de todos (¡Y yo, mientras tanto, pensando que era una enrollada...!).

sin proponérmelo siquiera,

También me quedé patidifusa el día que me enseñaron que hacía falta reunir mucho más amor (y valor) para dejar a alguien libre (y que haga lo que le dé la gana) que para aferrarse a lo que una cree que es mejor para el otro (sobretodo cuando ese otro está eligiendo lo que una detesta –¡y estoy convencida de que no es bueno para él o ella!... ¡¿No voy a saber yo lo que más les conviene?!). Reconocer que lo que creía que era amor eran, en realidad, las facturas por anticipado que endosaba a otros a cambio de su aceptación, cariño y reconocimiento de mis esfuerzos, fue muy doloroso. También comprobé que cuando se tiene muy arraigada la manía de cuidar a los demás para huir de una misma, esta insidiosa costumbre solo puede corregirse con mucha ayuda y otra tanta práctica.

de algo tan maravilloso

Y cuando, ¡por fin!, logré desistir de controlar a otros y me concentré en mis propios asuntos –para mi sorpresa– fui y redescubrí el amor. Y pude empezar a hacer las cosas porque quiero, sin esperar nada a cambio. Y aprovecharme de la utilidad de mis actos, de los frutos reales de mi esfuerzo y creatividad. Y me dejó de motivar que nadie fuera a enfadarse o a amenazar con abandonarme. Y también me dejaron de dar pena otras personas porque aprendí que si sentía lástima era porque, en el fondo, las consideraba inferiores. En cuanto me puse a respetarlas las dejé de compadecer y entonces pude ofrecerles (o no) mi apoyo libre y sincero.

que no me atrevo ni a nombrar?"

Y ahora, alguna que otra vez, cuando voy a sacar el cuaderno dispuesta a rellenar otro albarán oigo el silencioso tintineo de una campanilla delatadora…

Baja un poco el fuego y *En ese mismo aceite* que has utilizado para freír el atún y donde habrá quedado un pequeño poso de harina frita *añade* –todos juntos– *la cebolleta picada, la raíz de jengibre y el ajo* también cortados finos *y revuélvelos* durante 5 minutos (alguno que otro se habrá empezado a volver un poco transparente para entonces).

"Lejos de robarme el corazón

Una de las cosas más alucinantes del amor es que para optar a ser una transmisora fidedigna de su calorcito, es imprescindible estar dispuesta a dejarse conquistar por él, acceder a volverse un bebé del Universo.

me lo ha devuelto

Todos mis miedos me habían mantenido en pie de guerra. Me habían encasquetado una y otra coraza (¡En guardia!) Ellos, muy serios, simulaban salvaguardarme de mis temidos peligros. Pero, como escudos, no sólo me defendían del dolor, también ahuyentaban todo lo amoroso que chocara contra mi pecho. Lo hacían rebotar, por muy cariñoso que fuera.

con toda razón.

Llegar a un entendimiento con la cabeza para arriesgarme a recobrar la vulnerabilidad si que fue complicado. No se quería arriesgar. Estaba muy escaldada y se negaba a renunciar al poder, a aparecer desprotegida. Era como intentar convencer a un soldado para deponer las armas.

Pero entonces el corazón tomó el relevo: a base de enfrentarse al miedo se había vuelto un poco valiente. Dijo no tener ya nada que perder y un día, fue en busca de la fragilidad y se abrazó a ella. Y descubrió que era precisamente en la indefensión donde estaba el enchufe de nuestra conexión. Es decir, nuestra verdadera fortaleza.

Me sostiene en el aire

Y que era en esa aparente levedad de la entrega al Universo donde a mejor recaudo podíamos asentar la fuente de nuestra solidez, la base de nuestra seguridad. Todos lo demás podía fallarme. La vida nunca lo haría.

y si caigo me atrapa.

Depender del Universo y de su amor, por más misterioso y etéreo que suene, me permite acceder, paso a paso, a una realidad paulatinamente más acogedora. A una libertad cada vez más generosa.

Su abrazo se ha convertido

A un crecimiento continuo que me promete que si sigo en contacto, ya no tengo porqué volver a desenchufarme del amor. Ya había experimentado cómo soltar mi extremo del cable vuelve loca a la más pintada: te expulsa de ti misma como nadie.

en mi único hogar."

"...Love is the only country I know." "...El amor es el único país que conozco" (The Blue Nile)

Luego *Agregamos el curry,* lo integramos bien *y lo dejamos rehogar un par de minutos.* Enseguida *Vertemos* sobre éste sofrito *el caldo de pescado* –con la sal incluida– *y lo hacemos cocer* a fuego medio otros *10 minutos* contando el tiempo a partir del momento en que rompa a hervir. Y él solo irá espesando ligeramente.

"Desde que salí a buscarte

Y un día, de pronto me doy cuenta de que –por dentro– se ha colado un aire fresco y primorosamente nuevo. Parecía que oliera a flor de azahar, a inocencia. Algo por estrenar inundó mi habitación interior y me hacía consciente de mi increíble suerte. Como si una parte de mi mente –quizás la que tan pre·ocupada había vivido– se hubiera liberado y ahora, pintada de nuevo, aparecía flamante.

he viajado en el misterio.

Y como si se encendiera un cañón de luz en pleno día empezó a enfocar todas las cosas amablemente. Me hacía llorar. ¿Cómo me había podido pasar la vida insistiendo en lo oscuro, convencida de que esta claridad era imposible? No me cegaba. También veía el dolor pero de otro modo: como una oportunidad, no una condena. Quizás eso fuera también bondad: la disposición a comprender que todo cuanto sucede es favorable y útil.

Tan perdida yo

Así que los vericuetos, los errores, las curvas cerradas, todo –de pronto– se convertía, a mis ojos, en provechoso. Y lo seguiría pudiendo ver de este modo en tanto en cuanto permaneciera consciente del gran paraguas que me protegía. Todo podía ayudarme a crecer. No había desperdicio.

y tan cerca tu aliento de mi respiración,

Y después, el foco fue lentamente volviéndose hacia mí y –con la niña a mi lado– vi cómo ahora éramos las dos las que sonreíamos. Ella estaba muy orgullosa de su labor: estaba contribuyendo a que me aceptase por lo que soy, a que me quisiese tal cual.

Hasta descubrir

Ambas, aliadas, habíamos ido construyendo un sitio cada vez más confortable donde poder vivir la realidad. Nos habíamos acostumbrado a negociar, a ceder, a cocinar con cuidado: a contactar.

cuál era el secreto:

…"The secret of love is in opening up your heart." "El secreto del amor consiste en abrir el corazón."…

Si es que existe es que es amor,

"It's okay to feel afraid." "Puede que te asuste." "But don't let that stand in your way…" "Pero no permitas que el miedo sea un obstáculo…"…

poderosa realidad.

"… Because anyone knows that love is the only road." "… Y es que lo sabe cualquiera: el amor es el único camino." (James Taylor)

Lo único que cuenta es el amor."

Y cada vez que me agobio y vuelvo a sentir el vacío ya conozco el antídoto: sólo tengo que recordar dirigirme al Universo y pedirle que me ayude. El tranquiliza mi mente, la alimenta y la prepara para poder dar y recibir sosiego, apoyo y cariño.

Pasado el tiempo *Añadimos el medio mango* cortado en tacos, le damos unas vueltas *y lo dejamos hervir* suavemente otros *12 minutos.* Y esperamos a que la salsa engorde un poco más aún. En otro cacharro aparte, *Pon a hervir agua con sal* y cuando lo haga a borbotones, *incorpora el arroz y espera 10 minutos* a que se ablande.

"Jugando al escondite

"My dreams like nets were thrown…" "Lancé mis sueños, como redes…" "…To catch the love that I'd heard of…." "… intentando atrapar el amor del que había oído hablar…" "…In books and films and songs." "…en libros, películas y canciones:"

y creyendo amar:

"Now there's a world of illusion and fantasy…" "Todo un mundo de engaño y fantasía" "…In the place where the real world belongs." "ocupando el lugar que pertenece al de verdad" (Jackson Browne)

Lágrimas perdidas en el azul del mar.

¡Había confundido tantas veces el amor con el romanti·cisco! Y ahora todos los episodios de intriga y seducción ardían en la hoguera chisporroteando como quimeras chamuscadas. Como una falla de personajes que caricaturizaban formas retorcidas de huir de la realidad.

Solamente ausencias sedientas,

Así que me propuse coger el toro por los cuernos y –una vez más– pedí ayuda. Y el Universo me condujo hasta donde me podían instruir sobre cómo apearme de una noria en la que daba vueltas desde la adolescencia. El método era radical: había que identificar y posteriormente renunciar a todas y cada una de las fantasías "amorosas" que mi mente había edificado y dirigir después toda la energía que había estado invirtiendo en "buscar pareja" (por llamarlo de alguna manera) hacia consolidar –otro poco más– mi conexión con el Universo.

hambrientas de paz."

Y después de un tiempo de dolor y confusión comprendí lo que toda la gente que vive tan ricamente con alguien siempre ha sabido: que las relaciones especiales y nutritivas no aparecen porque se busquen, sino más bien, cuando una ya está a gusto por dentro y tiene algo realmente sustancioso que compartir. Y que sólo llaman a la puerta cuando el Universo lo juzga conveniente. Que él es quien las orquesta y planifica, con rigor y mimo.

Entonces *Añadimos la nata,* la unimos a la salsa hasta que se integre bien *e incorporamos* a continuación *los tacos de atún* fritos *y la guindilla verde en tiras.* Les damos unas vueltas más *y los dejamos cocer* –sin modificar la intensidad del fuego– *5 minutos más* (pasado ese tiempo el pescado se hará en exceso y se secará)*. Si el arroz* también *está ya listo, escúrrelo* y resérvalo.

"Desde que salí a buscarte

Y sin grandes aspavientos han ido irrumpiendo en mi vida gente que sabe dar y recibir amor. Y yo me he ido atreviendo a acercarme a personas amables que admiro por una u otra razón.

he viajado en el misterio.

¡Y yo que siempre quise empezar por los demás! Creía que el que me aceptasen y quisiesen me sacaría de mis atolladeros y resulta que ha sucedido al revés: primero he tenido que buscar la intimidad con el Universo y después conmigo misma antes de poder, finalmente, conectar sin miedo con otros.

Tan perdida yo

Y lo más misterioso de todo es que cuanto más dependo emocionalmente de lo invisible y menos de los demás, en realidad, más independiente me vuelvo. En el Universo puedo encontrar cuanto amor, seguridad y confianza necesite y así, ya no tendré que dar la chapa a nadie con mis exigencias de protección y cariño. Mientras siga en contacto, el depósito nunca más volverá a quedarse seco.

y tan cerca tu aliento de mi respiración.

Y podré compartir lo que quiera con quien yo elija y permitir que unos entren en mi vida y otros se vayan. Ya no tengo por qué resistirme ni a sus cambios ni a los míos.

Hasta descubrir

Y un día caí en la cuenta de que la orquesta de párvulos había ampliado impresionantemente su repertorio y también su plantilla…

cuál era el secreto:

…: una tarde, hablando con un amigo, escuché en su voz a su niño interior interpretar un precioso solo de clarinete.

Si es que existe es que es amor,

Por un ratito –afinados– podía prestarle atención como si fuese música: sin intentar predecir lo que vendría a continuación, a pesar de que algunas frases de la melodía me sonasen; dejándome sorprender por las inflexiones en los ritmos de sus sentimientos y presenciando cómo su cabeza, a veces los intentaba ordenar y otras, prefería dejarles explorar nuevas posibilidades.

poderosa realidad.

Y comprendí cómo todos y cada uno de nosotros somos esenciales: instrumentos imprescindibles de un ensamble descomunal y majestuosamente diverso en dónde cada cual elije si seguir las directrices del Universo-Director o prefiere experimentar por su cuenta…

En lo que a mí respecta, he decidido –por el momento– seguir integrándome a conciencia en esta orquesta y aplicarme en aprenderme la melodía que me ha sido asignada lo mejor posible, lo que me asegura…

Lo único que cuenta es el amor.”

…que si quiero, ya no tendré que tocar sola nunca más.

Para agasajar a tus comensales *Coloca* en cada plato primero, unos cuantos tacos d*el tomate crudo,* sálalo un poco. Después *dispón encima* unas cucharadas d*el arroz cocido* aderezado con unas pasas sultanas *y sobre él,* finalmente, *el bonito y* un par de cucharadas de *salsa de curry espolvoreada con* una pizca de *coco rallado* fresco.

El agua y la sal. Los ingredientes más humildes son los más indispensables. Y cuando toca llorar, me dejo mecer por los brazos del Universo. He comprobado que es el regazo más mullido y confortable… Ahí si que saben convencerme de que todo está donde debe ser.

Capítulo 12
Disfrutando de la conexión

"La mujer que ha nacido con un talento del que valerse, encuentra su mayor felicidad poniéndolo en práctica." (Goethe)

Compota de verano
(Para 4 personas)

Ingredientes:

Gusto por la sorpresa,
haberle encontrado ya un cierto encanto a
seguir instrucciones al pie de la letra
y además...

Crema inglesa:

1 l. de leche,

1 vaina (lo más fresca posible) de vainilla,

1 cucharilla de café de agua de azahar,

4 yemas de huevo y

175 gr. de azúcar.

Compota:

150 gr. de albaricoques frescos partidos en dos y deshuesados,

150 gr. de ciruelas claudias cortadas y deshuesadas,

20 gr. de almendras fileteadas,

1 cucharada sopera de tu té favorito,

400 gr. de lichis frescos,

2 mangos maduros pelados y en rodajas,

el zumo de ½ lima,

azúcar glasé y

3 galletas de mantequilla bretonas.

Para hacer la crema inglesa, *Pon la leche y la* vaina de *vainilla* en un cazo a fuego medio *y llévala al punto de ebullición* sin dejarle que llegue a romper a hervir.

En el extranjero, no sólo la comida, todo parece tener un sabor diferente. No así en el paisaje interno en el que me resulto tan familiar. En mi interior, el único rincón que siempre tiene un aroma exótico es aquel donde se localiza mi conexión con el Universo. Con el tiempo, he ido identificando mejor este enclave y se ha ido convirtiendo en mi restaurante favorito donde me acerco a diario a paladear el alimento amoroso del que depende cualquier salud espiritual que se precie… En ningún sitio como en casa.

"En el momento justo.

Pero el saber donde está mi propio chiringo no es excusa para alejarme de los demás. Ahora que ya puedo moverme sola a mis anchas, es crucial que no me aísle. En parte, porque como estoy pegada a mí y no me puedo dejar en tierra en ningún viaje, me resulta difícil apreciar los progresos que hago. Son los demás los que delatan mi crecimiento y me animan a ponerme una medallita en el pecho –justa condecoración a mis esfuerzos– cada vez que desfallezco y me recrimino lo lento que voy. A este buen ánimo también colabora el Universo que –de vez en cuando, y para llevarme la contraria– me regala un rapto de asombro, una o varias coincidencias certeras: unos segundos en los que parece que hubiera entrado –toda yo– en un servidor informático supersónico desde donde pudiera descargar comprensión instantánea de una realidad mayor de la que habitualmente frecuento.

Precisamente ahora,

Todos los que han vivido estos chispazos y lo han contado, coinciden en resaltar que es irrelevante lo que suceda mientras ocurren (aunque luego haga mucha ilusión desmenuzar los fenómenos y descubrir todas las coincidencias que contienen). Que el hilo a seguir para no quemarse por estos pagos incandescentes es concentrarse en la transformación interior que provoca lo que se ve, oye, palpa, huele, gusta o simplemente se siente. Algunos los llaman experiencias espirituales, otros, epifanías: iluminaciones repentinas. Y más recientemente, la física cuántica –sin restarles ni un ápice de misterio– ha ideado unas explicaciones fascinantes para descifrar dichos anclajes en la realidad.

cuando menos lo espero."

No es que te salgan antenas verdes o se vean zarzas ardiendo. Simplemente una, de pronto, despierta a un nivel de conciencia más avanzado en el que puede sentir, pensar y hacer lo que un instante antes estaba completamente fuera de su radio de acción. Se produce un salto en la comprensión de la realidad que no sigue ningún hilo de consecución lógica y que aporta a la persona claves fundamentales para su evolución.

En un cuenco aparte bate con unas aspas *las yemas y el azúcar* hasta que resulte una espuma esponjosa y pálida. Después*, pon este recipiente encima de otro cazo con agua hirviendo, extrae la* vaina de *vainilla de la leche caliente* (que podrás usar luego más veces) *y vete añadiendo la leche* muy poco a poco, a chorritos*, en las yemas, removiendo constantemente* con una cuchara de madera. Al final, cuando hayas acabado de verterla toda *Agrega* también *el agua de azahar.* Esta esencia extraída de las flores del naranjo tendrá la misión de dejarle al paladar un sabor muy especial de la crema. De recordársela.

Igual que la epifanía dejará un eco etéreo en el cerebro... por muy efímera que haya sido.

A veces lo que prende el fogonazo es una casualidad, una sorpresa. Misterios que para muchas niñas sagaces son materia de profunda reflexión. Algunas llegan incluso a jugar al escondite con la sospecha de que, en realidad, estos estremecimientos sean algo así como el orden secreto del Universo quitándose, por un segundo, el disfraz que normalmente utiliza para ocultarse de las miradas escépticas. Estas crías, cuando de adultas leen ensayos como el principio de la sincronicidad, sienten una íntima complicidad con tipos tan listos como Jung al comprobar cómo él se había acercado a estudiar tamaño enigma con la misma seriedad y buena fe que, de pequeñas, lo hicieran ellas.

"Un niño grita al pasar

Ya de mayor, y desbrozada alguna maleza, puedo elegir aceptar estas chiripas como saludos, como postes de señal dispuestos en la carretera de forma sobradamente imprevisible y atreverme a utilizar alguna información que me proporcionen como pista para digerir certezas cada vez más reales (aunque a veces parezca lo contrario). Claro que para no distraerme y seguir avanzando tengo que mantener mi cocina bien limpia y una disposición a confiar en el Universo cada vez más sensata.

la respuesta

Convencida de que si me sigo soltando del miedo y todos sus disparates y reflejo este progreso en la realidad de todos los días a través de acciones benéficas para mí y los demás, se me irá aclarando todo lo que necesite ir sabiendo. Todas las soluciones llegaran. Tal y como ha ido sucediendo hasta ahora. Que hayan ocurrido de antemano me ayuda a saber que ya no hay porqué impacientarse.

a lo que llevo semanas preguntándome.

Afirmativas, las coincidencias se convierten en un chivato que me avisa de que ¡por fin! le estoy dejando al Universo organizarme la vida.

Y al azar,

Así que estaré en mejor forma espiritual cuanto más fácilmente encuentre –por casualidad– solución de los temas que me ocupan y más a menudo me dé de bruces, sin querer, con aquellas personas con las que precisamente necesitaba conectar.

las palabras de una canción

"Your beauty is there in all I see"… "Tu belleza está en todo cuanto veo…" "… and when I feel your eyes on me…" "…y cuando siento que me miras"… "… oh don't you know"… "… ¿sabes?"… "…you just take my breath away." "…me dejas sin aliento." (Claire Hamill). Confirman dulcemente Tuck & Patti.

aciertan de pleno."

Muchas veces la información que preciso está guardada en un libro que llega a mis manos de forma imprevisible: me lo encuentro por ahí, me lo regalan o lo recibo por correo. Hubo uno que, como en las películas, llamó mi atención cayéndome en la cabeza.

Cocina la crema muy lentamente, removiéndola sin parar hasta que espese y pueda recubrir fácilmente el reverso de la cuchara de madera. Entonces, *Sepárala del fuego y déjala enfriar* dándole alguna que otra vuelta de vez en cuando. Cuando se haya templado, *Viértela en la jarra* o recipiente *donde la vayas a servir, tápala bien* –para que no se condense demasiado la capa de encima y forme una "nata"– *y deja que se enfríe del todo* en el frigorífico. Recuerda que se hará un poco más sólida aún.

“Por fuera nada sucede de extraordinario

Uno de lo frutos más impresionantes de mantenerse conectada es comprobar que en situaciones muy difíciles, incluso dramáticas, se puede ser feliz. Que ya no tengo porqué añadir ni un gramo de sufrimiento a las situaciones dolorosas que enfrento y que forman parte de una vida plena. La conexión me acompaña y me provee un suelo seguro por el que caminar sin tener que disimular ni negar la realidad que vivo. Sea cual sea.

pero por dentro algo me ha conquistado,

Y para que no me vuelva a despistar, una vez que he reconquistado (por el momento) mi territorio y le he plantado la bandera del Universo, éste me da la fuerza y la buena voluntad para convertirme en guía de otras exploradoras con menos experiencia y ayudarles a atravesar sus propias junglas. Verles llegar al otro lado de la espesura supone una emoción indescriptible: bien sabe el corazón que las mejores victorias son las colectivas. Las individuales parecen resultarle un poco sosas.

y por un instante sé

Observar a otras superar sus propios obstáculos me hace repetidamente consciente de que no soy ni diferente ni tan original. Me permite descubrirme una y otra vez en ellas, comprender mejor mi pasado y mi situación actual. Su ejemplo también me ayuda a seguir identificando, despiadadamente, las zancadillas que le sigo poniendo a mi felicidad; me impide engañarme, volver a encerrarme.

que definitivamente

Y seguir recordando que la forma más amable de curar las propias heridas es compartir el recuerdo del dolor pero sobretodo la experiencia de haberlo sanado –el trayecto hacendosamente atravesado– con otra persona que esté pasando ahora por él.

no estoy sola.

Saberme acompañada y acompañar a otras me permite también distinguir a los que recorren distintas vías de la conexión; resulta cada vez más sencillo descubrirles, comprender su ruta y apreciar sus esfuerzos por progresar en ella.

¡Qué casualidad!

Y de vez en cuando, súbitamente, me sobrecoge un inmenso agradecimiento a todas las personas que se han acercado a mi vida en el momento exacto…

¡Ay, qué casualidad!

…para enseñarme lo que necesitaba aprender en ese preciso instante y estar así preparada para sacarle chispas a lo que vendría a continuación.

¡Qué casualidad, que todo esté en su lugar!"

Para hacer la compota *Pon los albaricoques, las almendras y el té en un cazo* a fuego medio *y deja que cuezan* durante *10 minutos* Además de combinados como postre, la fruta y los frutos secos pueden sumarse a todo tipo verduras, carnes y pescados. Y siempre les añadirán un punto de frescura, de sorpresa, de sutileza y cuando se mezclan realmente bien, de éxtasis.

"Y creo que he tomado

Por fortuna la historia de la humanidad está llena de pontífices, de constructores de puentes. Soñadores lúcidos que se han arriesgado a trazar diferentes recorridos por los que llegar desde una conciencia dormida y sorda hasta la misma pero despierta y alerta.

el camino bueno

Y todos coinciden en que no hay como insistir para acabar por identificar el rumbo que lleva mil años invitándonos a avanzar.

cada vez que siento que el cielo

Tampoco es cuestión de tomárselo a la tremenda y pretender ser pionera en expedición alguna. Y sin embargo, una vez que hayas recorrido un tiempo el viaje para el que estabas hecha verás cómo –de algún modo– revitalizas el itinerario, lo completas, le añades un par de focos a la carretera para que la que venga detrás la encuentre un poco más iluminada.

me guiña un ojo.

"He hears the ticking of the clocks"… "El escucha el tic-tac de los relojes"… …"And walks along with a parrot that talks"… …"y se pasea con un loro que habla"… … "Hunts her down by the waterfront docks where the sailors all come in."…" Y va a buscarla al malecón donde desembarcan los marineros". "Maybe she'll pick him out again, how long must he wait"... …"Quizás ella le elija de nuevo, ¿Cuánto tiempo habrá de aguardar"… …"Once more, for a simple twist of fate."… "Otro mero giro del destino?" (Bob Dylan).

Siempre que

Y descubrirás que te has convertido en emisaria confidencial de esa realidad mayor cuando mires atrás y compruebes, asombrada, cómo algunas de tus acciones han cobrado, de pronto, la capacidad de ayudar a alguien que, sin ni tan siquiera habérselo confesado a sí misma todavía, buscaba algo más.

–sin previo aviso–

Y serán tus hechos, no las palabras: el que sigas despierta y espahilada, lo que podrá animar a otra. Porquc quizás entonces ya no tengas reparo en permitirle al Universo usarte de mensajera.

me vuelvo a conectar por puta casualidad.”

Y lo hará en secreto, sin que te enteres: … ¡Te vestirá de casualidad!

Añade Entonces *las ciruelas y déjalas hacerse otros 10 minutos* Después tapa la compota y procura conservarla tibia. Pero si al ir a servirla se ha enfriado, ponla un rato al fuego antes de mezclarla con el resto de la fruta.

"Y a mí me ayuda a seguir adelante,

"Si quieres saber como se puede acceder a estos acontecimientos pregúntale a la gracia, no al aprendizaje; al deseo, no a la comprensión;…

aún sabiendo

… a la queja de la oración, no a la diligencia en la lectura; al Novio, no al maestro: a Dios, no al hombre; a la oscuridad, no a la claridad;…

que seguirá sin ser fácil;

… no a la luz sino al fuego que inflama por completo y que te conduce al interior de Dios a través de devociones transportadoras y afectos agotadores. Dios mismo es ese fuego..." (San Buenaventura)

cada vez que me sorprende, entonces,

… ¡Y pensar que cuando inicié este recorrido pensaba que sabría cada vez más y lo que ha sucedido es que cada vez tengo menos idea de nada! Ya ni siquiera sé hacia donde me encamino. Y me impresiona que no me importe. Solo espero que se me permita adentrarme un poco más en el misterio de este Universo amoroso y fascinante.

hasta las lágrimas saben dulce."

Y seguir atenta a lo ordinario, a la vida de todos los días: la puerta de todo nuevo comienzo.

Ve al frigorífico en busca de la jarrita de crema.

"Imposible saber cuándo volverá

Cuando empecé a escribir estas canciones, una de mis guías me sugirió que quizás pudiera aprovechar la oportunidad para liberarme de todo prejuicio que hubiera acumulado en el oficio. Que intentara acallar toda expectativa y procurara componerlas solamente como expresión de gratitud, sin esperar nada. Y aunque sí que era cierto que cuanto más avanzaba fluían ellas con más facilidad, igual que con el sendero, ni siquiera la evidencia de su generosa disponibilidad me evitó tener que transitar, de nuevo, por una infinidad de vericuetos intrincados e internos que me llevaban a imaginar resultados egoístas. A la altura del capítulo diez la transformación aún no había sucedido: seguía calibrando con el rabillo del oído lo pegadizas que podrían llegar a ser si cambiaba un poco el estribillo o forzaba un tanto la melodía. Seguía tentada a desvirtuarlas.

ni cómo convencerle para que no se vaya."

Pero una mañana, recién estrenado este último episodio, amanecí con la sensación de que el cambio –¡por fin!– había cuajado. Nada más despertar sentí que se había esfumado una vieja inquietud. Que había desaparecido el insidioso temor atrincherado en mi piano y que durante tanto tiempo me había aterrorizado: el miedo a ser rechazada o –peor aún– querida. Y todo el resto del día fue de celebración porque intuí que quizás, voluntariamente, ya estaba preparada para dejarle al Universo decidir que era lo mejor para este librito y esta cantante.

Y antes de servirla junto a la macedonia: *Combina* en un cuenco de cristal *los lichis, los mangos y el zumo de lima.* Encima *dispón los albaricoques y las ciruelas* tibias *y espolvoréalo todo con* un poco de *azúcar glasé antes de desmenuzar las galletas y esparcirlas* generosamente *sobre la compota.*

En el vals dulce de los pasteles y los crescendos de las masas dejándose elevar por las levaduras hasta alcanzar su máxima altura. En el andante solemne de las aves recogidas mostrando sus orgullosos tuestes. Y en otro exótico de tambores, jaleando a las especias a confundirse gozosas unas en otras.... Y en el vertiginoso de los huevos en sus juegos malabares... En algunos de estos ritmos de cocina he espiado al Universo. Pero dónde mejor le he podido escuchar es en el susurro silencioso que a menudo me recuerda el complaciente consentimiento de los ingredientes a nutrirnos. Y con todo, la bondad de la comida y el placer que nos proporciona, solo supone un minúsculo bocado del festín que se nos ofrece; un pequeñísimo mordisco de la suculenta e infinita fuerza de que disponemos en nuestro interior que se ocupa de alimentar nuestro viaje –difícil y arriesgado – de aprender a ser libres y felices.

Epílogo

el éter

el gusto

el centro

Epílogo
Y una pizca de sal

"There has to be an invisible sun."
"Tiene que haber un sol invisible."
"It gives its heat to everyone."
"Nos regala su calor a todos."
(The Police)

El bizcocho cuatro cuartos

Ingredientes:

4 huevos,

el mismo peso de mantequilla,

el mismo peso de azúcar,

el mismo peso de harina

1 cucharilla de café de levadura,

4 gotas de extracto de vainilla,

una pizca de sal y

100 gr. de pasas y ciruelas.

1 molde redondo untado de mantequilla con su base forrada de papel antiadherente.

Calienta el horno a 200 grados y pon a hervir las pasas de Corinto y las ciruelas en té durante 20 minutos Después, *Pesa los cuatro huevos* (que gravitarán alrededor de los 250 gr.) *y aparta* exactamente *la misma cantidad de mantequilla, azúcar y harina.*

Igual que el bizcocho, las canciones, para ser realmente sustanciosas, requieren exactitud y bastante atención. “Knowing is therefore a kind of meta-reality…” “El conocimiento es, por tanto, una forma de meta realidad:…”

Pon la mantequilla en un cuenco, déjala un tiempo a temperatura ambiente *y* cuando se haya ablandado, **bátela lentamente** con unas aspas eléctricas hasta que se convierta en una pomada untuosa. Entonces, **vete añadiendo el azúcar** muy poco a poco hasta que la mezcla palidezca y se vuelva ligera.

Parecen gustarles la paciencia y el arrojo. Para manifestarse a gusto exigen que se les dedique todo el tiempo necesario hasta encontrar las palabras y la melodía precisas. El ideal es poder dejarles ser todo lo sutiles, contundentes y certeras que quieran. “...–a reality behind reality–...” “...una realidad más allá de la realidad...”

En un recipiente aparte bate los huevos con una pizca de sal e incorpóralos –cucharada a cucharada– **a la mezcla anterior.**

No hay que azuzarlas mezclando las palabras chapuceramente. No les convencen las trampas. A las melodías también se les nota cuando no son sinceras. “...The point I want to emphasise is that knowing has an existance, just like a rock or a buttercup...” ”... Lo que quiero subrayar es que el conocimiento posee una entidad, de igual forma que una piedra o una flor…”

Y cuando finalmente hayas acabado de incorporar los huevos batidos, *Añade la vainilla.*

Aunque asuste a veces y otras no resulte divertido, es provechoso convivir en su espacio hasta que despierten algo en nosotros,... "...But it lives outside the doomed world of matter..." "...pero vive fuera del perecedero mundo de la materia..."

Después de tamizada, *Espolvorea la harina sobre la mezcla e intégrala* delicadamente *a la masa* con una cuchara y en movimientos circulares como si quisieras elevarla.

...dejarles que nos lleven de viaje adonde ellas elijan. "...as a timeless music of cohering quantum ripples..." "...a modo de música intemporal, creada por ondas cuánticas que –como olas sobre la superficie del agua– interaccionan entre sí..."

Cuando se haya absorbido toda la harina *Incorpora las pasas y ciruelas* cortadas en cuadraditos y rebozadas en harina (y así no tendrán que caer al fondo del molde cuando estén en el horno).

Si lo que recuerdas después inspira a otro, cualquier esfuerzo habrá valido sobradamente la pena. "..., a kind of self-sealing standing wave,..." "..., frecuencias cuyos extremos se unen el uno al otro..."

Vierte la mezcla en el molde y alisa la superficie de la masa.

Pero si tienes la inmensa suerte de que te conduzcan al fondo de tu corazón y te ayuden a descubrir que ahí, justo en lo que te une al mundo, estamos todos juntos,... "...a self-sustaining song,..." "... paracomponeruna canción que se perpetúa a sí misma, infinita,..."

Ponlo en el horno unos 45 minutos comprobando la cocción con un pincho que deberá de salir limpio después de introducido en el centro del bizcocho.

...si por una décima de segundo ves la luz. En ese instante ardiente,
¡Te habrás convertido en sol!
"...which is why it underpins the melodic structure..."
"...lo que le permite sostener la estructura melódica..."

...of the one song,...
...de la canción única:
...the Uni-verse...
...el UN (I) VERSO...
...which is the harmonic summation...
...que es la suma armónica...
...of all that is."
de todo cuanto existe"
(Darryl Reanney).

Antes de desmoldarlo *Déjalo reposar, espera a que se temple un poco y entonces*, como si hicieses coros a tu canción favorita, *compártelo* con quien quiera que vaya asomándose a tu camino...

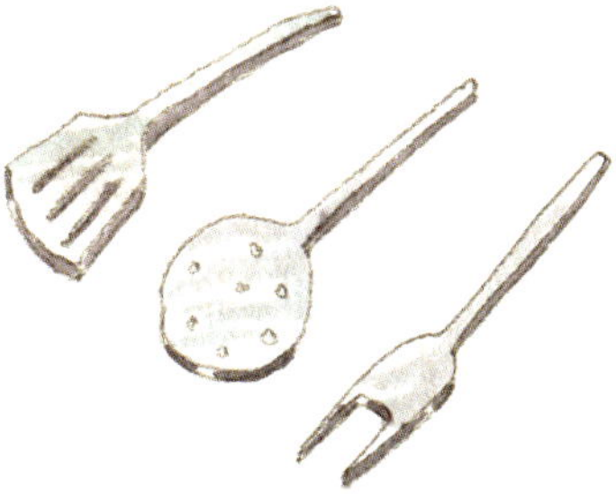

Bibliografía

Unos pocos de los libros que me han resultado utilísimos en esta travesía son:

**Narcisismo o negación de nuestro verdadero ser.* Alexander Lowen. Ed. Paidós.
**Le grand livre de la patisserie.* Linda Collister. Librairie Gründ.
**Meditaciones para mujeres que aman demasiado*. Robin Norwood. Ediciones B.
**All Around the World Cookbook*. Sheila Lukins. Workman Publishing.
**Mujeres que corren con los lobos*. Clarissa Pinkola Estés. Ediciones B.
**El Coraje de Sanar.* Ellen Bass and Laura Davis. Ed.Urano.
**Blessed are the addicts*. John A. Martin. Villard Books.
**The Cake Bible*. Rose Levy Beranbaum. William Morrow and Company, Inc.
**Volver a casa*. John Bradshaw. Los libros del comienzo.
**El camino del artista*. Julia Cameron. Editorial Troquel.
**Cocina Zen*. Bernard Glassman & Rick Fields. Cuatro Vientos Editorial…

…y otros que no han sido mencionados hasta ahora y que también han **iluminado** mi cocina y –algunos incluso– este **disco** con su música son: Cassandra Wilson, Elvis Costello, Pablo Guerrero (voces en 5), Caetano Veloso, Radiohead, Extremoduro, Leonard Cohen, Pedro Barceló (todas las baterías), Nusrat Fateh Ali Khan & Party, Pablo Peláez, Lou Reed, Jane Weaver, Ella Fitzgerald, Javier Bergia (voces en 6), Terry Collier, Pedro Aznar, Jacob Reguilón (bajo en 1, 3, 4, 5, 6, 8, 11 y 12), Luis Pastor, Bill Evans, Josu García (guitarra en 2), François Cabrel, Arcade Fire, Ramón Arroyo de los Secretos (guitarras en 1, 7 y 9), Herbie Hancock, Ariel Cubría, Santi Ibarretxe (saxo en 5 y flauta en 7), Ben Harper, Carlos Chaouen, Marcelo Fuentes (bajo en 2, 7 y 9), Fito Páez, Suburbano, Huma (guitarras en 3, 4, 6 y 9), Keith Jarrett, Fania (voces, piano en 4 y 6, teclados en 12 y producción), Nina Simone, Orlando Sandoval (arreglos, teclados y programaciones), Joe Henry, Michel Petrucciani y Juan Belda (sonido y producción).

¡Gracias! ¡Gracias! ¡Gracias! ¡Gracias! ¡Gracias! ¡Gracias! ¡Gracias!